HELLSEHEN
TELEPATHIE
UND
HEILUNG

SCHNELL WIRKENDE TECHNIKEN, UM DAS DRITTE AUGE ZU ÖFFNEN, IHRE PSYCHISCHEN KRÄFTE FREIZUSETZEN UND DIE AUFNAHME NEGATIVER ENERGIE ZU STOPPEN

ISABELLE SANFORD

ISBN: 978-3-98935-569-9
Lucid Page Media (ein Imprint der Orbita Media GmbH)
Ericusspitze 4
20457 Hamburg
Deutschland
kontakt@lucidpagemedia.de

INHALTSVERZEICHNIS

EINFÜHRUNG

Starke übersinnliche Fähigkeiten zu haben, bedeutet nicht, mit Superkräften ausgestattet zu sein; es bedeutet, besondere Fähigkeiten zu haben, die zwar von Geburt an in uns vorhanden sind, aber durch Übung entwickelt werden können.

Einige Gelehrte betrachten übersinnliche Fähigkeiten als einen Aspekt der Empathie; tatsächlich kann man empathisch sein, ohne übersinnlich zu sein, aber man kann nicht übersinnlich sein, ohne empathisch zu sein.

Übersinnliche Fähigkeiten ermöglichen es demjenigen, der sie besitzt, Energie in all ihren Formen wahrzunehmen. Ein Mensch mit übersinnlichen Fähigkeiten kann spüren, was andere fühlen, was sie denken, welche Probleme sie haben, was sie sich wünschen, was sie fürchten und was sie beunruhigt, denn er nimmt die Energie der Gedanken und Gefühle wahr.

Alles im Universum hat seine eigene Energie: unterschiedlich in Intensität, Dichte, Temperatur und Farbe. Dank der verschiedenen Energiequalitäten können diejenigen, die übersinnliche Fähigkeiten besitzen, die Anwesenheit derjenigen erkennen, die die irdische Welt verlassen haben und in der Welt des Geistes leben. Sie sind in der Lage, die Stimmung und die persönlichen Eigenschaften der Menschen, denen sie begegnen, zu verstehen.

Gute, freundliche und selbstlose Menschen strahlen eine besondere Art von Energie aus, die sich von der Energie neidischer, schlechter und eingebildeter Menschen unterscheidet. Die Energie, die von der Liebe ausgeht, unterscheidet sich von der Energie, die von Angst oder Feindseligkeit herrührt.

Alle Menschen kommen mit empathischen Fähigkeiten auf die Welt. Einfühlungsvermögen ist notwendig, um die Emotionen anderer zu erkennen, um sich selbst zu schützen und um Freundschaften zu schließen. Ohne eine gute Portion Empathie sind wir nicht in der Lage zu erkennen, ob die Person vor uns ein Freund ist oder ob es sich um jemanden handelt, der uns schaden will. Allerdings ist die Empathie bei manchen Menschen stärker ausgeprägt als bei anderen.

Einfühlungsvermögen ist keine angenehme Sache, besonders wenn man auch übersinnliche Fähigkeiten hat. Es besteht die Gefahr, dass man von den Emotionen, die man wahrnimmt, überwältigt wird, besonders wenn sie stark und kollektiv sind. Deshalb mögen empathische Menschen keine überfüllten Orte.

Als Kind war ich in der Lage, die emotionale Atmosphäre, die in einem Haus herrschte, zu spüren, bevor ich es überhaupt betrat. Ich wusste, ob im Haus meiner Freunde Liebe oder Zwietracht herrschte, ob ihr Vater wütend war und ob ihre Mutter lieb oder streng war.

Wann immer sie ein Problem hatten, kamen meine Freunde zu mir, um sich mir anzuvertrauen, weil sie das Gefühl hatten, dass ich sie verstand. Auch heute noch schenken mir unbekannte Menschen, die ich im Bus, am Flughafen oder auf der Straße treffe, ihr Vertrauen.

Ich könnte viele Anekdoten darüber erzählen, wie das eine Mal, als mir eine nette alte Frau ihr ganzes Leben in einem unverständlichen venezianischen Dialekt erzählte, während wir uns in einem Bus in Treviso gegenübersaßen. Oder als ich in Havanna darauf wartete, ein Geschäft zu betreten, und eine Frau mich ansprach und mir auf Spanisch erzählte, was ihr gerade passiert war. Damals sprach ich kein Spanisch und verstand kein Wort von dem, was die Frau zu mir sagte, aber ich spürte, dass sie wütend und traurig war, und hörte ihr deshalb aufmerksam zu. Als sie zu Ende gesprochen hatte, schenkte sie mir ein wundervolles Lächeln, sagte "Danke" und ging.

Ein anderes Mal jedoch, als ich in die Vereinigten Staaten flog, sprach der Passagier neben mir stundenlang auf Deutsch über sich und sein Leben, ohne dass ich etwas von dem, was er sagte, verstand. Obwohl ich ihm sagte, dass ich kein Deutsch kann, redete er trotzdem weiter mit mir, und er war so froh, dass er gehört wurde. Die anderen Fahrgäste waren erstaunt über das intensive Gespräch, das ich mit diesem netten Herrn geführt hatte, vor allem, weil sie genau wussten, dass ich seine Sprache nicht beherrschte!

Hellseherische Fähigkeiten entwickeln sich im Laufe der Zeit auf natürliche Weise, durch das Üben und Wiederholen bestimmter Übungen.

Was mich betrifft, so habe ich mir die Fähigkeiten, die ich habe, nicht ausgesucht; sie sind mit mir gewachsen, ganz natürlich. Manchmal wäre es mir sogar lieber gewesen, wenn ich sie nicht gehabt hätte. Es ist nicht schön zu hören, was andere fühlen, vor allem, wenn es sich um negative Gefühle handelt; und es ist auch nicht schön zu wissen, wenn jemand dich anlügt oder dir vorspielt, mit dir befreundet zu sein. Mit der Zeit habe ich jedoch gelernt, mit meiner Fähigkeit zu leben, Menschen zu "lesen", und ich konnte das automatische Lesen abstellen. Wenn ich jetzt jemandem begegne, den ich nicht kenne, nehme ich einfach wahr, was offensichtlich ist.

Wenn Sie fühlen können, was andere Menschen fühlen, wenn Sie plötzliche Empfindungen über etwas haben, das passieren könnte und dann wahr wird, wenn Sie fest daran denken, dass jemand Sie anruft oder Sie am nächsten Tag auf der Straße trifft, dann haben auch Sie übersinnliche Fähigkeiten, und dank dieses Buches werden Sie entdecken, wie Sie sie entwickeln können. Wenn Sie hingegen keine besonderen übersinnlichen Fähigkeiten zu haben scheinen, machen Sie sich keine Sorgen. Die in diesem Handbuch enthaltenen Informationen werden Ihnen helfen, Ihren Geist zu befreien und ihn empfänglicher und sensibler für die Energie um Sie herum zu machen.

Übersinnliche Fähigkeiten sind ein mächtiges Hilfsmittel für uns und für andere, denn sie erlauben uns, unsichtbare Dinge zu sehen, zu hören und wahrzunehmen.

Menschen mit übersinnlichen Fähigkeiten können andere beraten und ihnen helfen, herauszufinden, was sie bedrückt, damit sie die richtige Lösung für ihr Problem finden können. Sie können einem Freund in Not die richtige moralische Unterstützung geben, einem geliebten Menschen zuhören und den Tag und das Leben der Menschen zum Besseren wenden. Sie sind auch in der Lage, mit der Geisterwelt in Verbindung zu treten, mit geliebten Menschen, die in der Geisterwelt leben, zu kommunizieren und Hilfe, Rat und Heilung zu erhalten.

Haben Sie keine Angst davor, herauszufinden, wer Sie sind und wozu Sie fähig sind. Die Talente, die Ihnen gegeben wurden, sind ein Geschenk, das Sie nutzen sollten, um Wohlbefinden und Glück in Ihrem Leben und in dem der Menschen, denen Sie begegnen, zu schaffen.

DIE VIER ARTEN DER ÜBERSINNLICHEN INTUITION

Jeder Mensch bringt seine übersinnlichen Fähigkeiten auf eine einzigartige und besondere Weise zum Ausdruck, was seine physischen und psychischen Eigenschaften betrifft. Die übersinnliche Intuition ist stark von der individuellen Persönlichkeit geprägt und wird je nach Art der entwickelten und genutzten Wahrnehmung unterschieden in:

- Hellhörigkeit
- Hellseherei
- Hellfühligkeit
- Hellwissen

Lassen Sie uns gemeinsam herausfinden, woraus diese 4 Arten der psychischen Intuition bestehen und wie sie sich manifestieren können.

Hellhörigkeit

Hellhörigkeit ist die Fähigkeit, Botschaften zu hören, die aus der Geisterwelt kommen. Manche Menschen berichten, dass sie echte Stimmen hören, auch wenn sich die Hellhörigkeit in den meisten Fällen durch den Empfang von Botschaften manifestiert, die uns in Form von Gedanken erreichen.

Geistige Wesen haben keine Stimmbänder, sie kommunizieren durch eine energetische Schwingung, die unser Geist auffangen, entschlüsseln und in Worte umwandeln kann.

Diejenigen, die die Gabe des Hellhörens haben, können die Botschaften, die sie aus der geistigen Welt erhalten, deutlich von ihren Gedanken unterscheiden, denn die energetische Schwingung jeder Botschaft ist so speziell, dass auch der Ton, in dem die Botschaft übermittelt wird, und die energetische Klangfarbe des Überbringers erkennbar sind.

Wenn Sie die Gabe des Hellhörens haben, können Sie zumindest einmal:

- Den Drang verspüren, in einer Sprache zu sprechen, die nicht die Ihre ist.
- Hören, wie jemand Ihren Namen ruft, obwohl niemand in Ihrer Nähe ist.
- Seltsame Geräusche vor dem Einschlafen hören: das Knarren des Kleiderschranks, das Geräusch unsichtbarer Schritte, plötzliches Klopfen an der

Kommode, das Geräusch einer sich öffnenden oder schließenden Tür, das plötzliche Einschalten des Fernsehers, ein Klopfen.

- Hören von metallischen Stimmen.
- Verwenden interner Dialoge.

Hellsichtigkeit

Hellsichtigkeit ist die Fähigkeit, Visionen zu haben, die energetischen Umrisse geistiger Wesen zu erkennen, Episoden zu sehen, die sich in der Vergangenheit einer anderen Person ereignet haben, oder Episoden, die sich in der Zukunft ereignen werden, wie im Falle von Vorahnungen.

Wie ist es möglich, auch Visionen von dem zu haben, was in der Zukunft geschehen wird? Das ist ganz einfach. In der geistigen Welt gibt es keine Zeit, sondern nur den gegenwärtigen Augenblick; Zeit ist nur eine menschliche Kategorie. Wenn Menschen mit übersinnlichen Fähigkeiten sich mit der geistigen Welt verbinden, haben sie Zugang zur Vision dessen, was in der ewigen Gegenwart geschieht, die auch die Vergangenheit und die Zukunft umfasst.

Hellsichtigkeit manifestiert sich oft durch Träume. Zahlen, lebhafte Szenen von Ereignissen und

Mitteilungen von geliebten Menschen, die in der geistigen Welt leben, sind nur einige der Möglichkeiten, Visionen zu empfangen.

Wenn Sie die Gabe des Hellsehens haben, haben Sie vielleicht mindestens einmal Folgendes erlebt:

- Das Sehen von Lichtblitzen im Haus.
- Das Sehen von Schatten durch das periphere Sehen.
- Vorahnungsträume haben.
- Das Sehen von Lichtkugeln in natürlicher Umgebung oder auf Fotos.
- Das Gefühl, dass die Augen der Menschen auf den Fotos oder Gemälden lebendig werden.
- Das Empfangen von Botschaften und Ratschlägen von verstorbenen Freunden und Verwandten, während Sie schlafen.
- Die Kommunikation im Traum mit Ihrem Schutzengel oder Ihrem spirituellen Führer.
- Das Sehen eines geistigen Wesens, eines Verstorbenen oder eines Führers.
- Das Sehen der Anwesenheit eines oder mehrerer geistiger Wesen beim Betrachten eines Fotos.

Hellfühligkeit

Hellfühligkeit ist die Fähigkeit, die Emotionen anderer und ihre Energie zu "spüren".

Hellfühlige Menschen können den Ärger, die Traurigkeit, den Schmerz und die Freude der Menschen in ihrer Umgebung spüren. Sie meiden überfüllte Orte und Räume, an denen andere traurige Gefühle zeigen, wie Friedhöfe, Beerdigungen und Krankenhäuser. Sie können die Energie von Verstorbenen und Orten wahrnehmen. Wenn sie ein Haus oder ein Restaurant betreten, müssen sie es oft sofort verlassen, weil die Energie dieser Orte übermäßig schwer ist und ihnen Unbehagen und ein seltsames Gefühl der Bedrückung bereitet.

Diejenigen, die die Gabe der Hellfühligkeit haben, können die wahren Gefühle der Menschen erkennen, ihre Emotionen, Gedanken, Ängste und Wünsche spüren.

Wenn Sie die Gabe der Hellfühligkeit haben, werden Sie mindestens einmal Folgendes gespürt haben:

- Einen plötzlichen kalten Luftzug, der Ihren Körper streichelt.
- Plötzliches Frösteln am ganzen Körper, wenn Sie sich an bestimmten Orten aufhalten.

- Das Gefühl, dass jemand über Ihren Kopf streichelt.
- Ein Gefühl von Druck über dem Kopf.
- Das Gefühl, dass jemand Ihren Arm oder Fuß berührt.
- Ein Gefühl der Schwere auf den Schultern.
- Ein Gefühl des Erstickens im Bett oder an bestimmten Orten.
- Ein Stimmungswechsel je nach der Stimmung der Menschen in Ihrer Umgebung.
- Ein Gefühl von Traurigkeit und Beklemmung an bestimmten Orten, z. B. auf Friedhöfen und bei Totenwachen.

Hellwissen

Hellwissen ist die Fähigkeit, jeden Menschen und jede Situation intuitiv zu verstehen. Diejenigen mit dieser Fähigkeit sind in der Lage, sofortige Lösungen für scheinbar unlösbare Probleme zu finden, wissen, wie sich eine bestimmte Situation in der Zukunft entwickeln wird und können sofortige Antworten auf jede Frage geben.

Menschen mit dieser Gabe wissen kaum, wie sie diese Fähigkeit erklären sollen. Sie wissen die Dinge einfach. Sie sehen nicht, sie hören nicht, sie wissen es einfach.

Wenn Sie die Gabe des Hellwissens haben, wird Ihnen mindestens einmal Folgendes passiert sein:

- Sie können ein Problem lösen und bekommen die Lösung von jemandem oder durch eine plötzliche Intuition.
- Sie wissen, ob jemand an Sie denkt.
- Sie wissen, wann ein geliebter Mensch krank oder in Gefahr ist.
- Sie wissen, ob eine Person aufrichtig ist oder nicht.
- Sie wissen, wann Sie einen Anruf erhalten, auf den Sie warten.
- Sie kennen das Ergebnis einer Prüfung, bevor es Ihnen mitgeteilt wird.
- Sie haben brillante Ideen oder hohe Inspirationen.

DIE AURA

Die Aura ist das Energiefeld, das unseren physischen Körper umgibt und aus verschiedenen Schichten besteht, die alles aufzeichnen und bewahren, was wir im Leben erleben und erfahren: die Erfahrungen und Begegnungen, die wir machen, unsere Ängste, unsere Wünsche, die Krankheiten, unsere Verhaltensmuster.

Die Aura kann verschiedene Farben annehmen, je nach unserem körperlichen, emotionalen und geistigen

Zustand oder aufgrund der Emotionen, die wir empfinden. Wer zum Beispiel an einer Krankheit leidet, hat eine dunkle und trübe Aura, die auch Löcher oder fragmentierte Bereiche haben kann. Wer hingegen glücklich und gesund ist, hat eine helle und lebendige Aura, die sich um den ganzen Körper herum ausbreitet und eine Art schützende Energiebarriere bildet.

Einige Denkschulen messen der physischen Farbe der Aura eine große Bedeutung bei, wodurch sie den Menschen die Eigenschaften und Qualitäten der Farbe zuschreiben, die sich in ihrer Aura manifestiert. Ich messe der Farbe der Aura keine große Bedeutung bei, denn sie verändert sich ständig, je nachdem, welche Emotionen wir gerade erleben oder was wir denken. In meinen Kursen bringe ich meinen Schülern daher bei, die emotionale Farbe der Aura zu lesen, die es ihnen ermöglicht, die Persönlichkeit der Person, die sie lesen, wirklich zu verstehen und jeden Aspekt davon zu kennen.

Die emotionale Farbe ist das, was unser Verstand aufgrund unserer hellseherischen Lesefähigkeiten zuordnet. Gerade weil sie mit den persönlichen Fähigkeiten jedes Einzelnen zusammenhängt, ist die emotionale Farbe äußerst subjektiv und variiert von Mensch zu Mensch.

Wenn Sie die intuitive Farbe der Aura lesen, kommt es nicht darauf an, welche Farbe Sie sehen, sondern auf die Bedeutung, die Sie dieser Farbe beimessen. Ihr Verstand, der Ihnen hilft, die notwendigen Informationen über die Person, die Sie lesen, zu verstehen, lässt Sie die am besten geeignete Farbe sehen, damit Sie die richtigen Informationen erfassen können. Zum Beispiel kann die Farbe Rot für jemanden Mut, Stärke, Leidenschaft und Kraft bedeuten, für Sie kann sie Arroganz, Sturheit und eine Neigung zum Ärger bedeuten.

Jeder von uns gibt den Farben eine spezifische und persönliche Bedeutung; die Farbe ist nur ein Lesemittel, ein subjektives Instrument der Interpretation.

Unser Aurakörper setzt sich aus verschiedenen Ebenen oder Schichten zusammen:

Die ätherische Schicht

Es ist die Schicht, die dem Körper am nächsten liegt und am leichtesten zu sehen ist. Sie ist mit dem Wurzelchakra verbunden und steht für körperliche Gesundheit und Wohlbefinden. In der spirituellen Tradition wird sie durch eine leuchtend blaue Farbe dargestellt, wenn sich der Mensch in guter Gesundheit befindet.

Körperlich aktive Menschen neigen dazu, die hellsten ätherischen Schichten zu haben. Ist die ätherische Schicht schwach oder fast verschwindend, bedeutet dies, dass die Person, die wir lesen, gerade einen schwierigen Moment in ihrem Leben durchlebt, der ihr körperliches Unbehagen bereitet.

Die emotionale Ebene

Die emotionale Schicht umgibt die ätherische Schicht und ist ebenfalls mit dem emotionalen Wohlbefinden verbunden.

Sie ist mit dem Solarplexus-Chakra verbunden und kann eine beliebige Farbe haben: je heller die Farbe, desto gesünder sind wir.

Wenn die Farben dunkel oder verblasst sind, deuten sie auf Stress, Müdigkeit oder schlechte emotionale Gesundheit hin.

Die mentale Ebene

Die mentale Ebene umgibt die emotionale Schicht und offenbart geistige Gesundheit und Wohlbefinden. Sie ist mit dem Sakral-Chakra verbunden und hat bei guter Gesundheit eine leuchtend gelbe Farbe.

Die astrale Ebene

Die astrale Ebene umgibt die mentale Ebene, ist mit dem Herz-Chakra verbunden und zeigt die Qualität der zwischenmenschlichen Beziehungen an, die wir aufbauen. Sie kann rosa oder rosarot sein: Die Farbe ist lebendig bei liebevollen und großzügigen Menschen, während sie bei introvertierten Menschen oder solchen, die an Depressionen leiden, verblasst oder fast ganz verschwunden sein kann.

Die ätherische Matrixebene

Diese Ebene ist mit dem Kehl-Chakra verbunden und hat mit persönlicher Erfüllung zu tun.

Menschen, die mit dem, was sie im Leben erreicht haben, zufrieden sind, haben eine starke ätherische Matrixebene und eine leuchtende Farbe, während diejenigen, die vom Leben enttäuscht sind und sich nicht voll verwirklicht fühlen, eine schwache Aura-Konsistenz und eine stumpfe, verschwommene Farbe haben.

Die himmlische Ebene

Die himmlische Ebene steht für die Verbindung mit Gott und mit den Lebewesen. Ihre Farbe ist perlweiß und wird mit dem dritten Augen-Chakra in Verbindung gebracht.

Hellseher und spirituelle Menschen haben eine sehr starke himmlische Ebene, weil sie eng mit der bedingungslosen Liebe verbunden sind.

Die kausale Ebene

Sie ist die am weitesten vom physischen Körper entfernte Ebene und umschließt alle anderen Ebenen in ihrer charakteristischen ovalen Form. Sie wird mit dem Kronen-Chakra in Verbindung gebracht und spiegelt das Wohlergehen eines jeden Menschen während all seiner Inkarnationen wider. Es ist ein Ausdruck der Verbindung mit dem Göttlichen, das in jedem von uns steckt.

DREI EINFACHE WEGE UM IHRE AURA ZU REINIGEN

Unser aurisches Feld speichert alle Erfahrungen, die wir machen, unsere Wünsche, unsere Ängste und die Energie, die von anderen Menschen übertragen wird.

Wenn Sie im Bereich der Beziehungshilfe arbeiten oder an einem Ort tätig sind, an dem es eine starke Wettbewerbsenergie gibt, kann Ihr aurisches Feld durch die Energie um Sie herum "belastet" werden.

Die Energie, die Sie von anderen Menschen oder von den Situationen, in denen Sie leben, aufnehmen, kann Ihre Stimmung, Ihre Gefühle und Ihr körperliches Wohlbefinden beeinflussen.

Deshalb ist es notwendig, sich ab und zu ein paar Minuten Zeit zu nehmen, um die Aura zu reinigen.

Es gibt viele Möglichkeiten, die Aura zu reinigen, einige sind einfach, andere etwas komplexer.

Die drei Übungen, die ich vorschlage, lassen sich schnell durchführen und man kann sie so oft machen, wie man will, denn sie nutzen die Kraft des natürlichen Lichts, des Wassers und des weißen Lichts.

Die Aura mit natürlichem Licht reinigen

Die Reinigung der Aura mit Sonnenlicht ist die Methode, die mir am besten gefällt. Es ist besser, sich am frühen Morgen dem Sonnenlicht auszusetzen, aber auch eine Reinigung bei Sonnenuntergang kann angenehm sein. Ich empfehle Ihnen, die Aura-Reinigung zu beiden Tageszeiten auszuprobieren, um zu entscheiden, welche für Sie am besten geeignet ist.

- Stellen Sie sich mit dem Gesicht zur Sonne, öffnen Sie die Arme ein wenig, die Handflächen zeigen zur Sonne, und lassen Sie das Sonnenlicht jeden Zentimeter Ihres aurischen Feldes durchdringen.
- Visualisieren Sie das Licht, fühlen Sie es, nehmen Sie es wahr, wie es alle energetischen Rückstände dessen, was Sie im Laufe des Tages (wenn Sie sich dem Licht des Sonnenuntergangs aussetzen) oder des Vortages (wenn Sie sich dem Morgenlicht aussetzen) erlebt haben, reinigt und wegfegt).
- Spüren Sie das Gefühl der angenehmen Leichtigkeit, das Ihren Körper umgibt, den Frieden, das Glück, die Verbindung mit dem Universum.

- Verbringen Sie mindestens 15 Minuten damit, Ihre Aura zu reinigen, bedanken Sie sich dann von Herzen und kehren Sie zu Ihren Aktivitäten zurück.

Die Aura mit Wasser reinigen

Die Reinigung der Aura mit Wasser ist besonders in Zeiten hohen Stresses, nach einem Streit oder vor dem Schlafengehen zu empfehlen.

- Schalten Sie den Klingelton am Telefon aus, spielen Sie entspannende Musik und gehen Sie unter die Dusche.
- Stellen Sie die Wassertemperatur nach Ihren Wünschen ein.
- Bleiben Sie mindestens 15-20 Minuten unter der Dusche.

  Halten Sie die Augen geschlossen und lassen Sie sich vom Wasser alles nehmen, was Sie bedrückt, alles, was Sie beunruhigt und krank macht.
- Spüren Sie, wie all die schwere Energie von Ihnen wegfließt und im Abfluss verloren geht.
- Richten Sie Ihre Aufmerksamkeit auf den Wasserstrahl, der Sie streichelt und umhüllt.

- Wenn Sie möchten, können Sie Ihre Visualisierungsfähigkeiten einsetzen, um Wasser eine Farbe zu geben. Wählen Sie die Farbe, die Ihnen am besten gefällt und die zu dem passt, was Sie reinigen. Lassen Sie, wenn möglich, Ihren Kopf die Farbe wählen.

- Lassen Sie Ihre Gedanken frei fließen und richten Sie Ihre Aufmerksamkeit nur auf das Wasser, das durch Ihren Körper fließt, und auf das Gefühl, das Sie durch Ihre Haut spüren.

Reinigung der Aura mit den Lichtkugeln

Dies ist eine der schnellsten Techniken überhaupt, die Sie überall durchführen können, wo Sie gerade sind.

- Platzieren Sie Ihre Hände voreinander und lassen Sie einen sehr kleinen Abstand zwischen den beiden Handflächen.

- Schließen Sie die Augen und beginnen Sie zu spüren, wie die Energie aus Ihren Händen kommt.

- Bewegen Sie Ihre Hände langsam ein wenig weg, bis Sie eine Kugel aus Lichtenergie bilden.

- Visualisieren Sie die Lichtkugel in Ihren Händen und geben Sie ihr eine Farbe.

- Versuchen Sie, die Lichtkugel in ihrer ganzen Pracht wahrzunehmen, indem Sie Ihre Hände kreisförmig bewegen.

- Wenn die Kugel fertig ist, bewegen Sie Ihre Hände voneinander weg und stellen Sie sich vor, dass sich die anfängliche Kugel in zwei verschiedene Kugeln teilt: eine wird auf der linken und die andere auf der rechten Hand platziert.

- Beginnen Sie, Ihre Hände gleichzeitig auf der linken und auf der rechten Seite des Körpers zu führen und halten Sie sie 1-2 cm voneinander entfernt.

- Reinigen und massieren Sie das gesamte Aurafeld mit Ihren Händen und bestehen Sie dabei auf den Punkten, an denen Sie das Vorhandensein einer Energieblockade oder eines Staus spüren.

AURA-LESEN: WAS ES IST UND WOZU ES GUT IST

Was ist Aura-Lesen und wozu dient es? Diese Frage wird mir oft von denjenigen gestellt, die meine Website besuchen, um eine Channeling-Sitzung zu erhalten und dann lesen, dass ich auch die Aura lese.

Die Aura eines Menschen zu lesen bedeutet, herauszufinden, wer er wirklich ist: seine persönlichen Eigenschaften zu kennen, seine verborgenen Qualitäten, seine Wünsche, seine vergangenen Erfahrungen, seine Ängste, seine Bedürfnisse, seine wahre Persönlichkeit.

Die Aura ist ein informationsreiches Energiereservoir. Alles, was wir leben, die Menschen, denen wir begegnen, die Momente des Erfolgs und des Scheiterns hinterlassen eine energetische Spur in unserer Aura, die unsere Art der Beziehung zu anderen und unser körperliches und emotionales Wohlbefinden beeinflusst.

Das Lesen der Aura ist nicht nur ein Schnüffeln im Leben einer anderen Person, sondern ein mächtiges Hilfsmittel, das es Ihnen ermöglicht, wichtige Informationen zu erhalten, die bei einer normalen psychologischen Beratung schwer zu entdecken sind.

Durch die Aura ist es möglich, die wirklichen Probleme zu erkennen, die eine andere Person plagen, die Blockaden, die sie daran hindern, im Leben erfolgreich zu sein, die Traumata, die gelöst werden müssen und die Aspekte, die verbessert werden müssen.

Das Lesen der Aura ermöglicht es auch, das Potenzial der Person zu erkennen und ihr die richtigen Entscheidungen zu empfehlen, sowohl im beruflichen als auch im privaten Bereich.

Die Fähigkeit, die Aura zu lesen, ist eine Fähigkeit, die ich jedem empfehle, zu entwickeln.

Nicht nur, um geliebten Menschen oder denen, die um Hilfe bitten, zu helfen, sondern auch als Werkzeug für persönliches Wachstum.

Das Lesen der Aura ermöglicht es Ihnen, Ihren Gesundheitszustand zu erkennen, einen möglichen Zustand von Unbehagen zu entdecken, noch bevor er sich im physischen Körper manifestiert, und zu erkennen, ob etwas Ihren Lebensweg behindert.

Jeden Morgen, wenn ich aufwache, nehme ich mir immer ein paar Minuten Zeit, um meine Aura zu lesen.

Ich stelle mich vor den Spiegel und betrachte meine Aura, die sich vor mir spiegelt. Ich prüfe, ob alles in Ordnung ist, ob es irgendwelche leidenden Organe gibt, ob meine Lebensenergie frei fließt.

Die Techniken zum Lesen der Aura sind zahlreich, ebenso wie die Denkschulen, die sie empfehlen. Meiner Meinung nach sollte die einzige vollständige und genaue Auralesung intuitiv erfolgen.

Ein Buch reicht nicht aus, um zu lernen, wie man die Aura liest. Man muss viel üben und an speziellen Kursen teilnehmen, noch besser, wenn sie Schritt für Schritt geführt werden.

Es ist ein praktischer und einfach zu befolgender Kurs, der es jedem ermöglicht, das Lesen der Aura durch spezifische Übungen von allmählicher Komplexität zu erlernen.

Für mich ist das Lesen der Aura eine natürliche Fähigkeit, etwas, das ich automatisch tue. Im Laufe der Jahre ist es mir jedoch gelungen, spezifische Strategien zu entwickeln, die es jedem ermöglichen, das Lesen der Aura so schnell zu erlernen wie ich.

Wenn Sie wissen wollen, wer Sie wirklich sind, und wenn Sie anderen helfen wollen, ihr Leben zu verbessern, sollten Sie lernen, die Aura zu lesen. Wählen Sie den Kurs, der am besten zu Ihnen passt und entwickeln Sie diese wunderbare Fähigkeit.

TELEPATHIE: WAS SIE IST UND WIE MAN SIE ENTWICKELT

Telepathie ist eine Form der Kommunikation, die ohne Worte auskommt.

Telepathische Kommunikation findet auf mentaler Ebene statt, durch die Energie, die von Gedanken ausgestrahlt wird.

Vor einiger Zeit sah ich während einer Sitzung zufällig die Gedanken eines meiner Gesprächspartner in Form einer Textnachricht. Es war, als ob das, was er dachte, auf seine Stirn geschrieben war. Das war das erste Mal, dass mir so etwas passiert ist. Die Energie, die von seinen Gedanken ausging, war so stark, dass sie meine übersinnlichen Visualisierungsfähigkeiten anregte.

Alle Lebewesen sind mit telepathischen Fähigkeiten ausgestattet. Wir kommunizieren durch den Blick, durch Mikrobewegungen im Gesicht und vieles mehr.

Während meiner Reise nach Japan fiel mir auf, wie schnell die Japaner Straßenkreuzungen überquerten, ohne aneinander zu stoßen und ohne ein Minimum an Zögern. Es war fantastisch, ihr superschnelles Tempo zu beobachten, das einer sehr präzisen Flugbahn folgte.

In diesem Moment kommunizierten sie telepathisch miteinander. Jeder von ihnen wusste, in welche Richtung die anderen Menschen gehen würden.

Das ist ein bisschen so, wie wenn wir im Auto sitzen und in wenigen Sekunden entscheiden, ob wir einem anderen Fahrzeug die Vorfahrt gewähren oder nicht. Wir wissen genau, wer anhalten wird und wer stattdessen seinen

Weg fortsetzen will, auch auf die Gefahr hin, mit uns zusammenzustoßen.

Es ist die Telepathie, die es Kindern und Tieren ermöglicht, die Absichten der Person vor ihnen oder eines anderen Tieres zu verstehen. Da sie nicht über den mentalen Überbau verfügen wie erwachsene Menschen, können Kinder und Tiere ihre telepathischen Fähigkeiten ungefiltert nutzen, ohne durch die Prozesse des rationalen Verstandes gebremst zu werden.

Telepathie kann intuitiv, mental und spirituell sein.

Intuitive Telepathie

Intuitive Telepathie ist das, was wir mit der Tierwelt gemeinsam haben. Sie ist eine ursprüngliche Form der Kommunikation, die uns erkennen lässt, ob ein Mensch Freund oder Feind ist, ob wir in Gefahr sind oder ob wir vertrauen können.

Es ist die Form der Kommunikation, die von verliebten Paaren genutzt wird, die wissen, was ihr Partner denkt, ohne dass Worte gesprochen werden. Wenn wir jemanden lieben, sind unsere Sinne geschärft und wir können jede kleinste Energievariation wahrnehmen, die vom Körper und den Gedanken des geliebten Menschen ausgeht.

Instinktive Kommunikation nutzt unseren sechsten Sinn und ermöglicht es uns, Nuancen und Aspekte der nonverbalen Sprache wahrzunehmen, die bei der gesprochenen Kommunikation oft übersehen werden. Ein Blick genügt, um die Absichten unseres Gesprächspartners zu verstehen, und eine einfache Berührung, um genau zu wissen, was er fühlt oder sagen will.

Intuitive Telepathie wird häufig von Müttern mit kleinen Kindern eingesetzt. Eine Mutter weiß nämlich immer, ob ihr Sohn oder ihre Tochter weint, weil sie hungrig sind, weil sie müde sind oder weil sie krank sind. Es gibt keine spezifischen Signale, die man lernen oder entschlüsseln muss, eine Mutter weiß es einfach. Sie fühlt es, dank der telepathischen Kommunikation, die sie mit ihrem Kind aufbaut.

Mentale Telepathie

Die mentale Telepathie wird durch den mentalen Austausch von Informationen zwischen einem Sender und einem Empfänger erreicht.

Es handelt sich um eine besondere Form der Telepathie, die häufig bei der Demonstration paranormaler Fähigkeiten eingesetzt wird. Sender und Empfänger verbinden sich über ein neutrales Energiefeld, durch das klare und präzise Botschaften gesendet werden.

Die mentale Telepathie, auch "Gedankenlesen" genannt, ist eine Fähigkeit, die sich mit Übung entwickelt. Viele Übungen können ihre Entwicklung begünstigen; ich werde Ihnen drei zeigen, die sehr einfach zu praktizieren sind.

1. Übung des Empfangs

Dies ist eine Übung, die Sie zu zweit machen sollten. Für die ersten Male schlage ich vor, dass Sie sie mit einer Person machen, die Sie lieben oder mit der Sie das Gefühl haben, dass Sie eine besondere Harmonie haben.

- Sie und die Person, die Sie für die Übung ausgewählt haben, müssen sich in zwei verschiedenen Räumen anordnen.
- Bitten Sie die andere Person, etwas auf ein Blatt Papier zu zeichnen und das Blatt in einem Umschlag zu verschließen.
- Verbinden Sie sich mental und emotional mit der Person, die die Zeichnung gemacht hat, während diese Person sich mit Ihnen verbindet und versucht, Ihnen mit der Macht der Gedanken mitzuteilen, was sie gezeichnet hat.

- Reproduzieren Sie, was die andere Person auf ein Blatt Papier gezeichnet hat, und versuchen Sie, alle erhaltenen Informationen zu interpretieren.

2. Übung mit Karten

Dies ist eine der häufigsten Übungen, die Sie sicher schon millionenfach im Fernsehen gesehen haben.

- Wählen Sie eine Person aus, mit der Sie diese Übung durchführen möchten, und bitten Sie sie, sich in einen anderen Raum als den Ihren zu begeben und ein Kartenspiel mitzunehmen.
- Bitten Sie sie, zufällig eine Karte auszuwählen und sie Ihnen mental mitzuteilen.
- Üben Sie mindestens fünfmal am Tag, die gewählte Karte der anderen Person zu erkennen.

  Wenn Sie sie nicht gleich erraten, machen Sie sich keine Sorgen, mit etwas Übung wird es Ihnen gelingen.

  Mentale Telepathie entwickelt sich mit der Übung; Sie müssen Ihren übersinnlichen Fähigkeiten Zeit geben, um Wege zu finden, die Sie ohne die Einmischung des rationalen Verstandes leiten.

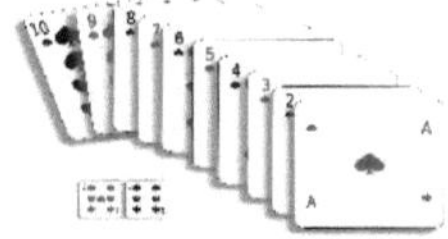

3. Telepathie-Übung in Anlehnung an das Ganzfeld-Experiment

Das Ganzfeld-Experiment wird von vielen spirituellen Forschern als unumstößlicher Beweis für die Existenz der außersinnlichen Wahrnehmung angesehen. Es wurde erstmals in den 1970er Jahren von dem amerikanischen Parapsychologen Charles Honorton durchgeführt, der nachweisen wollte, dass alle Menschen mit telepathischen Fähigkeiten ausgestattet sind.

Bei dem ursprünglichen Experiment wurde der Empfänger von der Außenwelt isoliert, indem Tischtennisbälle über die Augen gestülpt und Kopfhörer aufgesetzt wurden, die einen neutralen Ton übertrugen, wie ihn beispielsweise der Fernseher aussendet, wenn er kein Signal empfängt. Die Versuchsperson saß in einem anderen Raum und wählte von dort aus ein Bild aus einer Gruppe von Fotos aus, die sie vom Versuchsleiter erhalten hatte. Nachdem sie das Foto ausgewählt hatte, musste der Sender versuchen, es dem Empfänger mental zu vermitteln.

Der Versuchsleiter hatte die Aufgabe, dem Empfänger das Foto, das der Absender der telepathischen Botschaft ausgewählt hatte, zusammen mit drei anderen, zufällig ausgewählten Fotos zu zeigen. Mit dem Experiment sollte wissenschaftlich nachgewiesen werden, dass mentale Telepathie existiert, und zwar anhand des Zahlenwerts des Prozentsatzes, in dem der Empfänger das vom Absender ausgewählte Foto wiedererkannte.

Um die Übung durchzuführen, müssen Sie nur in einen leichten meditativen Zustand eintreten.

- Schließen Sie die Augen und legen Sie eine Hintergrundmusik auf.
- Bitten Sie ein Familienmitglied oder einen Freund, Ihnen in Gedanken Bilder verschiedener Art zu schicken.
- Vergleichen Sie am Ende der mentalen Übertragung, was Sie wahrgenommen haben, mit den gesendeten Bildern und notieren Sie sich das Ergebnis.

Geistige Telepathie

Diese Art der Telepathie wird von Medien und Channelern genutzt, um Botschaften von geistigen Wesen oder von Menschen zu empfangen, die diese Erdebene verlassen haben. Die spirituelle Telepathie setzt eine vollständige Verbindung mit dem Sender voraus, nicht nur eine mentale.

Diejenigen, die in der Welt des Geistes leben, übermitteln ihre Botschaften an den Geist des Empfängers durch eine bestimmte energetische Schwingung, die vom Geist des Empfängers entschlüsselt und in gesprochene Sprache umgewandelt wird.

Die spirituelle Telepathie ist zweifellos die schönste Form der Telepathie, denn sie ermöglicht es Ihnen, mit den Wesen des Lichts und mit Ihren Lieben, die nicht mehr da sind, in Kontakt zu treten. Die Verbindung, die zwischen demjenigen, der die Botschaft empfängt, und demjenigen, der sie sendet, hergestellt wird, bestimmt die Entstehung eines sehr starken Energiefeldes, das in der Lage ist, mit seinem Licht und seiner Schwingung Ihr aurisches Feld zu beeinflussen. Nach dem Empfang einer spirituellen telepathischen Kommunikation werden wir von einem tiefen Gefühl des Friedens und der Liebe durchflutet, das auch noch nach einigen Stunden anhält.

Von allen Formen der telepathischen Kommunikation ist die spirituelle Telepathie diejenige, die ich Ihnen am meisten empfehle, denn der Nutzen, den Sie daraus ziehen, ist unermesslich: Gelassenheit, Kraft, Vertrauen, inneres Wohlbefinden und Harmonie. Um diese besondere Form der telepathischen Kommunikation zu entwickeln, ist es notwendig, spezielle Kurse zu besuchen, in denen Sie alle Konditionierungen loswerden können, die die Kommunikation mit geistigen Wesen behindern.

Es gibt verschiedene Arten von Channeling-Kursen: In einigen lernt man, mit Wesen mit unterschiedlichen energetischen Schwingungen zu kommunizieren. In anderen hingegen wird die Kommunikation nur mit den Wesen des Lichts erreicht, wie im Kurs "Channeling of Light", den Sie unter www.channellingdiluce.it finden.

Im Kurs "Channeling of Light" können Sie lernen wie Sie mit Engeln, Erzengeln, Aufgestiegenen Meistern und Geistführern kommunizieren können. Die Geistführer, die Verstorbenen und andere (geistige und andersartige) Wesen können durch die Teilnahme an diesem Kurs nicht kontaktiert werden, da sie eine andere Schwingung haben. Der Vorteil der Teilnahme an "geschlossenen" Channeling-Kursen ist, dass Sie immer wissen, mit wem Sie kommunizieren, und dass Sie sicher sein können, dass die Botschaften, die Sie erhalten, aus dem Licht kommen.

Wie auch immer Sie sich entscheiden, Sie müssen natürlich Ihrem Instinkt folgen. Wählen Sie den Kurs, von dem Sie glauben, dass er für Sie am besten geeignet ist. Lassen Sie sich nicht von den Meinungen der Teilnehmer beeinflussen, die den einen oder anderen Kurs besucht haben, sondern hören Sie nur auf das, was Ihr inneres Selbst Ihnen sagt.

Die Wahl des Kurses, den Sie besuchen, ist für die Entwicklung Ihrer Fähigkeiten von grundlegender Bedeutung. Die Entscheidung, an einem Kurs teilzunehmen, der nicht Ihren wirklichen Bedürfnissen und Ihren persönlichen Eigenschaften entspricht, kann dazu führen, dass Sie aufgeben und Ihren Wachstumspfad verlassen.

Auch die Wahl des Lehrers ist entscheidend. Wenn Sie einen Kurs besuchen, in dem der Lehrer Ihnen nicht die richtige Aufmerksamkeit schenkt, in dem Sie keine Hilfe und keine Anleitung erhalten, in dem er Ihnen keine Schutztechniken beibringt und in dem die "Kontakte" auf verwirrende Weise stattfinden, können Sie Gefühle der Angst und der Ablehnung entwickeln, die Sie dazu bringen könnten, jede Form der Kommunikation mit der geistigen Welt zu verwerfen.

Bevor Sie sich für einen Kurs entscheiden, überlegen Sie, ob Sie an einem offenen Kurs teilnehmen möchten, bei dem Sie bereit sind, Botschaften von jedem Wesen und jeder Wesenheit zu empfangen, oder ob Sie einen geschlossenen Kurs bevorzugen, bei dem die Kommunikation nur mit Lichtwesen stattfindet. Schauen Sie sich die Fotos des Lehrers an und hören Sie in sich hinein: Nehmen Sie wahr, ob Sie Gefühle des Friedens oder der Bedrängnis, der Anziehung oder der Abstoßung haben. Ihr Selbst weiß, was gut für Sie ist. Hören Sie auf das, was es Ihnen durch Ihre Gefühle und Empfindungen mitteilt.

MEDIALITÄT

Medialität ist die Fähigkeit, die Anwesenheit von Wesen wahrzunehmen, die energetisch anders sind als wir, und mit ihnen zu kommunizieren.

Wer sind diese energetisch andersartigen Wesen? Es sind die leitenden Geister, die Ahnen und die Seelen der Menschen, die die irdische Dimension verlassen haben.

Manche betrachten die Medialität als eine Form der Religion, manche als eine Form der Esoterik, andere als eine Form der Hexerei. In Wirklichkeit bedeutet der Besitz medialer Fähigkeiten einfach, dass man in der Lage ist, andere energetische Schwingungen als die menschlichen wahrzunehmen, was nur wenige können.

Mediale Menschen können spüren, ob der Geist eines Verstorbenen in einem Raum anwesend ist oder ob eine Person von einem freundlichen Geist begleitet wird, und können mit diesem kommunizieren.

Medialität ist in der Regel eine Fähigkeit, die man von Geburt an hat; sie kann aber auch im Erwachsenenalter erlernt und entwickelt werden.

Um Ihre medialen Fähigkeiten zu entwickeln, empfehle ich Ihnen, sich auf einen Mentor zu verlassen, d. h. auf jemanden, der Sie während der Kontaktsitzungen anleitet und unterstützt und der Ihnen beibringt, sich nicht von den Gefühlen, die Sie empfinden, und den Erfahrungen, die Sie machen, überwältigen zu lassen.

Es ist auch sinnvoll, an speziellen Kursen teilzunehmen: Es gibt alle möglichen Arten.

Entscheiden Sie sich für den Kurs, der Ihnen am meisten zusagt und der von dem Lehrer unterrichtet wird, der Ihnen Vertrauen gibt.

Wenn Sie bei der Anmeldung zu einem Kurs ein Unbehagen, ein Gefühl der Traurigkeit oder der Unterdrückung verspüren, verlassen Sie diesen Kurs sofort. Jede Form von Unbehagen ist ein wichtiges Signal, das niemals übersehen werden darf. Wenn Sie sich in einem Kurs oder in der Gegenwart einiger Menschen unwohl fühlen, bedeutet das, dass Sie in diesem Moment niedrige und negative Energien empfangen und es besser ist, sich zu entfernen.

Eines der größten Hindernisse, das Sie daran hindern könnte, Ihre medialen Fähigkeiten zu entwickeln, ist Angst.

Angst kann eine Barriere zwischen Ihnen und der Welt des Geistes errichten. Diejenigen, die Angst haben, können die Informationen, die sie erhalten, nur schwer verstehen, weil sie keine innige Verbindung zu denen aufbauen, die die Botschaft senden. Aus diesem Grund widme ich in den " Medialität des Lichts"-Kursen viel Zeit, um den Schülern zu helfen, die Angst zu überwinden.

Wenn mediale Fähigkeiten aufgrund von Angst nicht akzeptiert werden, kann das Leben desjenigen, der sie besitzt, kompliziert werden. Die Ablehnung der eigenen Fähigkeiten kann zu Kopfschmerzen, Schlaflosigkeit und

Nervosität führen, weil das Energiesystem die Botschaften, die es empfängt, und die Empfindungen, die es wahrnimmt, nur schwer ignorieren kann.

Medialität ist eine Fähigkeit, die sich in der Kindheit manifestiert. Alle Kinder können die geistige Welt wahrnehmen, die einen etwas mehr, die anderen etwas weniger. Im Laufe des Heranwachsens wird diese Fähigkeit jedoch bei einigen aus Angst vor dem Urteil anderer, aus religiösen und familiären Überzeugungen oder aus Furcht unterdrückt.

Wenn Ihr Kind mediale Fähigkeiten zeigt, ist das Beste, was Sie tun können, es zu beruhigen und ihm beizubringen, keine Angst zu haben. Damit Ihr Kind versteht, wie es mit seinen besonderen Fähigkeiten umgehen kann, sollten Sie sich an eine Person Ihres Vertrauens wenden, die ihm die Gründe für seine Fähigkeiten erklärt und ihm zeigt, wie es sie nutzen kann.

Eltern neigen oft dazu, die Geschichten ihrer medialen Kinder herunterzuspielen und ihnen aus Unglauben oder Angst kein Gewicht zu geben. Sie sind davon überzeugt, dass die Visionen und Wahrnehmungen ihrer Kinder verschwinden, wenn sie sie leugnen, aber das ist nicht der Fall. So zu tun, als ob nichts passiert, führt dazu, dass sich junge mediale Menschen einsam und hilflos fühlen, und zwingt sie, ihre Fähigkeiten abzulehnen und in Angst zu leben.

Die Medialität ist eine wunderbare Gabe, die es zu begrüßen und zu entwickeln gilt, denn sie ermöglicht die Kommunikation zwischen zwei Welten: der irdischen und der geistigen. In der Tat haben mediale Menschen die Möglichkeit, denen, die in der Welt des Geistes leben, zu helfen, mit ihren Lieben auf der Erde zu kommunizieren, und gleichzeitig helfen sie denen, die einen geliebten Menschen verloren haben, zu verstehen, dass diejenigen, die gegangen sind, noch leben, wenn auch in einer anderen Dimension.

Unsere medialen Gaben anzunehmen ist ein Akt der Liebe.

WIE MAN SICH MIT DER WELT DES GEISTES VERBINDET

In den meisten Fällen erfolgt die Kommunikation mit der Welt des Geistes spontan: Es sind diejenigen, die auf der anderen Seite des Schleiers leben, die sich an die medialen Menschen wenden und versuchen, mit ihnen zu kommunizieren. Manchmal können die medialen Menschen beschließen, eine Kommunikation mit denjenigen herzustellen, die die irdische Welt verlassen haben. In diesem Fall können wir jedoch nicht sicher sein, dass die Kommunikation mit dem Geist stattfindet, mit dem wir kommunizieren wollen.

Wenn Sie beschließen, mit einem Verwandten, der nicht mehr da ist, oder mit dem Geist eines geliebten Menschen, den ein Freund oder Bekannter von Ihnen verloren hat, in Verbindung zu treten, müssen Sie sich darüber im Klaren sein, dass Sie möglicherweise nicht mit diesem bestimmten Geist kommunizieren.

Es kann sein, dass ein anderer Geist zu der Sitzung kommt: ein anderer Verwandter, ein Nachbar oder jemand, der eine berufliche oder soziale Beziehung zu

Ihnen oder zu der Person hatte, die um eine mediale Beratung gebeten hat.

Es ist nicht klar, wie das Kommunikationssystem in der Geisterwelt funktioniert. Die Geister kommen, um mit ihren Lieben zu sprechen, wenn sie die Gelegenheit dazu haben oder wenn sie entscheiden, dass es an der Zeit ist, dies zu tun. Wir können sie nicht nach Belieben kontaktieren, wir können nur wünschen, mit ihnen zu sprechen und darauf warten, dass sie sich manifestieren. Wenn Sie also eine mediale Sitzung durchführen wollen, ist es gut, diejenigen, die darum gebeten haben, über die Möglichkeit zu informieren, dass nicht der geliebte Mensch erscheint, sondern ein anderer Verwandter oder Freund, der nicht mehr da ist.

Manchmal kommt es vor, dass zwei oder mehr Geister gesprächsbereit sind und gleichzeitig auftauchen; dann kann es zu zwei Situationen kommen: der stärkere Geist übernimmt und beginnt das Gespräch, oder die mediale Person entscheidet, welcher Geist den Vorrang hat. Während eines Kurses, als ich eine Gruppenvorführung gab, wurde ich von zwei Geistern gleichzeitig kontaktiert: einem Mann und einer Frau. Beide wollten ihre Botschaft an zwei Teilnehmer in der Gruppe weitergeben, und ich musste mich entscheiden, welchem der beiden Geister ich den Vorrang geben wollte. Wenn Ihnen eine ähnliche Situation widerfährt und Sie entscheiden müssen, wem Sie zuerst das Wort erteilen, können Sie zwei Kriterien befolgen: Sie können demjenigen das Wort erteilen, den Sie zuerst wahrgenommen haben, oder demjenigen, den Sie energetisch näher fühlen. Wenn Sie die Verwandtschaft zwischen den Geistern, die Sie wahrnehmen, und den anwesenden Menschen sofort erkennen, können Sie sich auch dafür entscheiden, dem Geist das Wort zu erteilen, der eine engere Verbindung zu dem geliebten Menschen hatte, mit dem er sprechen möchte, z. B. einem verstorbenen Elternteil oder Partner.

Wenn Sie sich für die Welt der Geister öffnen und sich bereit erklären, mit den Menschen auf der anderen Seite zu kommunizieren, müssen Sie klarstellen, wo Ihre Grenzen und Bedürfnisse liegen. Wenn Sie zum Beispiel nicht klarstellen, zu welchen Zeiten und an welchen Tagen Sie für Kontakte zur Verfügung stehen, kann es sein, dass Sie zu jeder Tages- und Nachtzeit Nachrichten erhalten.

Ein weiterer Punkt, den Sie bei der Kontaktaufnahme mit der Geisterwelt beachten sollten, ist, dass Sie immer auf Ihre Gefühle achten sollten.

Wenn Sie einen schlechten Tag hatten, wenn Sie körperlich krank sind oder Wut und Traurigkeit empfinden, sollten Sie eine Verbindung vermeiden.

Wenn Sie eine Verbindung herstellen, wenn Sie niedergeschlagen oder schlecht gelaunt sind, wird die Verbindung scheitern: Sie werden keine Präsenz spüren und keine Botschaften empfangen können. Es kann auch passieren, dass Sie niederfrequente Geister anziehen, die sich Ihnen nähern, weil die von Ihnen ausgehenden Schwingungen mit den ihren in Resonanz stehen.

Wenn Sie sich also auf einen persönlichen Kontakt oder eine Sitzung mit jemandem vorbereiten, sollten Sie sich vergewissern, dass es Ihnen gut geht und dass Sie sich in einem inneren Zustand der Ruhe und Gelassenheit befinden.

Der einfachste Weg, mit jemandem Kontakt aufzunehmen, der nicht mehr da ist, ist, einen Termin zu vereinbaren. Denken Sie intensiv an diese Person, mit Freude in Ihrem Herzen und dem brennenden Wunsch, mit ihr zu sprechen. Es kann hilfreich sein, ein Bild von ihm oder ihr zu betrachten oder es fest an die Brust zu drücken; wichtig ist, einen liebevollen Kontakt zwischen

Ihnen und ihm oder ihr herzustellen. Liebe ist eine starke Energie; jeder Kontakt sollte mit Liebe hergestellt werden.

Wenn Sie das Gefühl haben, dass Sie ein starkes Band der Liebe geknüpft haben, vereinbaren Sie einen Termin und geben Sie den Tag und die Uhrzeit an. Die Geister sind sehr pünktlich und halten sich an Verabredungen.

Wenn Sie mit medialen Sitzungen nicht vertraut sind, empfehle ich Ihnen nicht, sie selbständig durchzuführen. Ich empfehle Ihnen, Kurse zu besuchen oder eine erfahrene Person zu wählen, die Sie anleitet. Die geistige Welt ist sehr weitläufig und wird von verschiedenen Geistern bevölkert. Um nicht Gefahr zu laufen, in Situationen zu geraten, die Sie nicht bewältigen können, ist es gut, die ersten Schritte in Begleitung eines erfahrenen Führers zu unternehmen.

Vielleicht möchten Sie auch in Erwägung ziehen, eine Woche oder mehr am Arthur Findlay College in Stansted in England zu verbringen. Dort werden Sie viele Medien treffen, die Ihnen helfen können, Ihre Entdeckungsreise in die Welt des Geistes zu beginnen.

LEITGEISTER UND GEISTFÜHRER

Wir sind nicht allein, wir werden immer von geistigen Wesen begleitet, die uns führen, inspirieren, beraten und beschützen.

Geistige Wesen können engelhafter oder nicht-engelhafter Natur sein. Zu den Wesen engelhafter Natur gehören die Engel und Erzengel, die die Aufgabe haben, über uns zu wachen und uns zu beschützen. Auch die Geistführer haben die Aufgabe, uns zu schützen und zu führen, aber sie sind nicht engelsgleich. Die Geistführer waren in der Tat menschliche Wesen, und nachdem sie in die geistige Welt übergegangen waren, machten sie eine Art Sonderweg und wurden zu Geistführern.

Geistführer respektieren den freien Willen, sagen nie, was wir tun sollen, und geben keine Informationen über die Zukunft preis, weil sie unsere Handlungen und Entscheidungen beeinflussen könnten. Wenn wir uns jedoch in einer Gefahrensituation befinden oder eine wichtige Entscheidung für unser Leben treffen müssen, können wir genauere Antworten erhalten, um unser höchstes Gut zu schützen.

Wie Engelswesen sprechen Geistführer im Namen des Chores. Ein Geistführer wird nie das Pronomen "ich" verwenden, sondern immer "wir" sagen. Das heißt, er wird im Namen aller Lichtwesen sprechen, die Sie begleiten, denn es wird Ihnen nur das gesagt, was Ihnen offenbart werden kann.

Viele neigen dazu, die Leitgeister mit den Geistführern zu verwechseln. Im Gegensatz zu den Geistführern sprechen die Leitgeister nicht im Namen des Chores, sondern in ihrem Namen. Sie verwenden immer das Pronomen "ich", geben Anregungen, fordern Sie auf, bestimmte Entscheidungen zu treffen oder bestimmte Handlungen durchzuführen. Der Grund dafür ist, dass sie nach ihrem Übergang in die geistige Welt die Persönlichkeit und die subjektiven Eigenschaften aus ihrer Zeit als Lebende beibehalten haben.

Leitgeister können Ihre Vorfahren sein, Verwandte, die die irdische Dimension verlassen haben, wie Großeltern oder Eltern, oder Menschen, die Sie in einem früheren Leben kannten. Sie offenbaren oft ihren Namen, aber meistens lassen sie Sie ihre Persönlichkeit und das Band, das Sie verbindet, erkennen, seien Sie also nicht enttäuscht, wenn Sie nach dem Namen fragen und keine Antwort erhalten.

Selbst die Geistführer geben manchmal ihren Namen nicht preis, und wenn sie es tun, ist das, was Sie wahrnehmen, oft ein schwer zu wiederholender Name, denn er ist das Ergebnis der Entschlüsselung der Schwingung, die Sie empfangen haben, durch Ihren Verstand. Die geistigen Wesen kommunizieren in der Tat telepathisch mit uns; wir sind es, die ihre Botschaften in Worte übersetzen. Deshalb hat jede mediale Person seine eigene persönliche Art, die empfangenen Schwingungssignale zu übermitteln; jeder benutzt seine eigene Sprache und Sprechweise. In aktiver Trance übersetzt unser Geist die Botschaften mit bekannten Worten.

Vor ein paar Jahren führte ich eine Channeling-Sitzung mit einer australischen Freundin durch. Sie befand sich in einer sehr schwierigen Situation und wollte Trost und Rat von ihren Geistführern erhalten.

Ich dachte, das Channeling würde auf Italienisch stattfinden und ich müsste die Botschaft anschließend übersetzen, doch zu meiner großen Überraschung channelte ich auf Englisch. An einem bestimmten Punkt während der telepathischen Übertragung brach ich ab, weil ich ein bestimmtes Wort nicht entschlüsseln konnte: In meinem Gedächtnis gab es kein bekanntes Wort, mit dem ich die Schwingung, die ich empfing, hätte übersetzen können, also schlugen die Führer mir ein Synonym vor.

Wenn Sie für jemanden channeln oder wenn Sie eine persönliche Botschaft empfangen wollen, machen Sie sich keine Sorgen, wenn Ihre Art des Channelns anders ist als die anderer Menschen, die Sie kennen.

Oft machen sich diejenigen, die an den "Kanalisierung des Lichts"-Kursen teilnehmen, Sorgen, weil die Botschaften, die sie erhalten, anfangs kurzlebig sind und die Kommunikation etwas langsam ist, während meine Channelings schnell und lang sind. In Wirklichkeit hängen die Geschwindigkeit und die Dauer des Channelings nicht von den Fähigkeiten des Channelers ab, sondern von seiner Persönlichkeit und seiner Art zu sprechen.

Ich spreche in meiner Muttersprache schnell, und ich spreche auch in anderen Sprachen, die ich kenne, in derselben Geschwindigkeit; kein Wunder also, dass ich auch beim Channeln schnell bin. Wenn Ihre Sprechweise prägnant ist und sich durch häufige Pausen auszeichnet, wird Ihre Sprache beim Channeln dieselben Merkmale beibehalten. Sie können die Art und Weise, wie Sie kommunizieren, nicht ändern, zumindest nicht in der aktiven Trance.

Auch in der Medialität ist die Persönlichkeit der medialen Person von großer Bedeutung. Jede Form der spirituellen Kommunikation findet nämlich immer mit Respekt vor dem Empfänger und seinen Ausdrucksmöglichkeiten statt.

Wenn Sie ein Mensch sind, der sehr auf sein Äußeres achtet und beim Betreten eines Ortes sofort bemerkt, wie die Menschen gekleidet sind, welche Haarfarbe sie haben und welchen Kleidungsstil sie tragen, werden Sie beim Kontakt mit denjenigen, die in der Welt des Geistes leben, leicht die körperlichen Merkmale bemerken, die Ihnen gezeigt werden. Sie werden in der Lage sein, die Haar- und Augenfarbe des Geistes, der Sie kontaktiert hat, den getragenen Schmuck und den Kleidungsstil bei der Kommunikation genau zu beschreiben.

Wenn Sie sich, wie ich, nicht um die Ästhetik anderer Menschen kümmern und dazu neigen, nur ihre Persönlichkeit und ihr Verhalten wahrzunehmen, werden Sie bei einem medialen Kontakt mehr auf die Persönlichkeit des Geistes und die Botschaft, die er Ihnen geben will, achten. Sie werden die bekannten Seiten ihres

Charakters beschreiben, das, was sie zu Lebzeiten glücklich gemacht hat und den Schmerz, den sie erlebt haben; Sie werden alle Emotionen, die sie Ihnen vermitteln, deutlich spüren.

Es gibt keinen Weg der medialen Kommunikation, der besser ist als ein anderer, es gibt nur verschiedene Wege.

Wenn Sie eine Verbindung mit der geistigen Welt herstellen, lassen Sie Ihren Geist frei von allen Gedanken und lassen Sie alle Formen von Zweifel und Angst los. Seien Sie bereit, die Botschaft, die Sie erhalten, anzunehmen, ohne eine genaue Antwort zu erwarten, denn Sie würden riskieren, die Kommunikation zu manipulieren und das, was Sie denken, mit der Botschaft zu verwechseln, die Sie erhalten.

Achten Sie auch genau darauf, was Sie beim Channeln fühlen. Die Begegnung mit den Wesen des Lichts löst immer Gefühle des Friedens und der Liebe aus. Wenn Sie dagegen Traurigkeit, Angst und Schuldgefühle empfinden, brechen Sie die Verbindung sofort ab, denn Sie kommunizieren nicht mit einem Wesen des Lichts.

Die Gefühle, die Sie empfinden, helfen Ihnen, die Art der spirituellen Verbindung, die Sie herstellen, zu überprüfen. Es spielt keine Rolle, ob derjenige, der mit

Ihnen kommuniziert, sagt, er sei ein Engel oder ein Erzengel, und Ihnen auch seinen Namen sagt; lassen Sie sich von Ihren Gefühlen leiten.

Vor einigen Jahren wurde ich gebeten, zusammen mit einer ziemlich bekannten medialen Person zu channeln. Ich habe den Grund für diese Bitte nicht verstanden: Man braucht nicht zwei Personen, um eine Botschaft zu empfangen, und ich mag keine gleichzeitigen Verbindungen mit anderen Personen, weil man nie weiß, welche Wesenheit sich zeigen kann.

Mit dem System, das ich benutze und das ich in den "Kanalisierung des Lichts"-Kursen lehre, habe ich immer die Gewissheit, nur mit den Wesenheiten des Lichts zu kommunizieren, denn das "Kanalisierung des Lichts" ist eine Art geschlossenes Channeling, das es erlaubt, nur mit den Engeln, Erzengeln, Geistführern und aufgestiegenen Meistern zu kommunizieren.

Wenn ich meinen Kommunikationskanal öffne, während eine andere mediale Person oder ein anderer Channeler channelt, laufe ich Gefahr, Signale zu empfangen, die von den Wesenheiten ausgesendet werden, die die andere Person channelt und die vielleicht keine Wesenheiten des Lichts sind.

In Anbetracht der Beharrlichkeit, mit der ich um Zusammenarbeit gebeten wurde, sagte ich, dass ich zunächst gerne ein Channeling der medialen Person erlebt hätte. Ich beschloss also, ihr zu erlauben, für mich zu channeln, und es war eine unangenehme Erfahrung.

Obwohl sie darauf bestand, dass derjenige, der zu mir sprach, ein bekannter Erzengel war, spürte ich, dass dies nicht der Fall war, und meine Gefühle waren sehr deutlich.

Wenn Sie eine spirituelle Botschaft erhalten, sollten Sie daher immer auf Ihre Gefühle achten - Sie sollten immer ein Gefühl des Friedens empfinden. Wenn Sie dagegen Traurigkeit oder ein Gefühl der Beklemmung im Bauch verspüren, empfangen Sie keine Botschaft des Lichts.

Zusätzlich zu den Empfindungen kann auch der Inhalt der Botschaft die Identität des Absenders verraten. Wesen des Lichts schimpfen nicht, tadeln nicht und urteilen nie!

Vor ein paar Jahren bat mich eine liebe Freundin, ihr eine "Kanalisierung des Lichts"-Sitzung zu geben, weil sie starke Zweifel an ihrer Liebesgeschichte hatte und wissen wollte, wie sie die Beziehung verbessern könnte.

Während der Sitzung zeigten mir die Geistführer ihren Partner, und ich sah, wie er sich meiner Freundin gegenüber verhielt: Er respektierte sie nicht, betrog sie und schien nicht wirklich verliebt zu sein. Die Geistführer haben jedoch nichts Schlechtes über den Mann gesagt. Sie sagten meiner Freundin lediglich, dass sich das Verhalten ihres Partners nie ändern würde und dass es auf frühere Erfahrungen zurückzuführen sei, die er gemacht habe. Sie sagten ihr auch, dass sie, wenn sie die Beziehung beendete, nicht allein sein würde; sie würde andere Liebesgeschichten erleben. Wenn sie sich aber entscheide, bei ihm zu bleiben, müsse sie bereit sein, zahlreiche Opfer zu bringen, weil sich das Verhalten ihres Mannes nie ändern werde.

Manchmal weicht unsere Meinung von der der Führer ab. Für mich wäre es die weiseste Entscheidung gewesen, die Beziehung zu beenden, aber die Führer, die in der Dimension der bedingungslosen Liebe leben, ließen meiner Freundin die Freiheit, zu wählen.

Wenn Sie über starke übersinnliche Fähigkeiten verfügen, kann es Ihnen anfangs schwerfallen, die Botschaften der Geistführer zu erkennen, weil Ihre Persönlichkeit die Oberhand gewinnen kann.

Die Fähigkeit, die eigene Meinung von der der Geistführer zu trennen, wird durch Übung erlangt und ist das Schwierigste, was man tun kann.

Wenn ich eingeladen werde, Vorträge über das "Kanalisierung des Lichts" zu halten, führe ich am Ende der Sitzungen immer ein freies Channeln durch. Ich lade die Anwesenden ein, ihren Geistführern Fragen zu stellen, und ich übermittle ihnen die Antworten.

Ich mag keine Konferenzen mit zu vielen Menschen, denn ich mag es, jedem in die Augen schauen zu können und ihm die Botschaften seiner Geistführer zu vermitteln. Aber einmal musste ich einen Vortrag halten, bei dem über 130 Menschen anwesend waren.

Mit einem solchen Ansturm hatte ich nicht gerechnet, und der Konferenzraum bot nicht genügend Platz, um das gesamte Publikum unterzubringen. Ich hatte dem Veranstalter gesagt, er solle die Teilnehmerzahl auf 50 beschränken, aber es kamen immer mehr Leute und viele mussten draußen bleiben.

All diese Menschen hatten das Bedürfnis, eine spirituelle Botschaft zu erhalten. Ich konnte deutlich spüren, dass sie Hilfe brauchten, und so habe ich viel gechannelt. Als ich am Abend nach Hause kam, war ich sehr müde. Es war nicht das Channeln, das mich langweilte, sondern die Tatsache, dass ich meine Wahrnehmungen vom Raum isolieren musste, um den Empfang der Botschaften nicht zu beeinflussen.

Wenn Sie, wie ich, hohe übersinnliche Fähigkeiten haben, finden Sie es vielleicht anfangs ermüdend, Ihre Wahrnehmungen zu ignorieren.

Mir hilft es sehr, meine Augen zu schließen. Während des Channelings halte ich meine Augen immer geschlossen, um mich zu isolieren und so wenig wie möglich übersinnliche Wahrnehmungen zu erhalten.

Geistführer kommunizieren mit uns auch durch Einsichten, Träume, Musik und Filmszenen, die plötzlich unsere Aufmerksamkeit erregen. Wie oft ist es Ihnen schon passiert, dass Sie unter einer bestimmten Situation leiden und keine Lösung finden, und dann plötzlich die Strophe eines Musikstücks hören oder, was die Figur in einem Film sagt, und die Antwort erhalten, nach der Sie gesucht haben? Das passiert mir immer wieder.

Wir sind nicht allein, und wenn wir nicht wissen, was wir tun sollen, und Hilfe brauchen, kommt die richtige Antwort immer vom Himmel. Ich hatte immer das

Bewusstsein, von den Engeln geliebt und begleitet zu werden, und das hat mein ganzes Leben beeinflusst.

Ich sage "Danke", wenn mir etwas Gutes widerfährt, und ich bitte um Hilfe, wenn ich in Schwierigkeiten bin.

Meine Art und Weise, Dinge zu tun, hat manchmal, vor allem in der Jugend, Kritik und große Skepsis bei einigen hervorgerufen, die mich jedoch in schwierigen Zeiten sofort gebeten haben, für sie zu beten.

Es ist eine weit verbreitete Meinung, dass nur diejenigen, die in der Lage sind, die geistige Welt zu sehen oder wahrzunehmen, vom Himmel erhört werden, aber das ist nicht der Fall. Jedem Menschen auf dieser Erde wird zugehört und geholfen, aber nicht jeder ist sich dessen bewusst.

Wir werden ständig von geistigen Wesen begleitet, die uns lieben, uns beraten und uns beschützen.

Wie oft sind Sie im Begriff, etwas zu sagen, und haben dann plötzlich das Gefühl, dass es besser ist, es nicht zu sagen, oder Sie sind im Begriff, etwas zu tun, und spüren, dass es keine gute Idee ist.

Wie oft haben Sie schon einen Unfall vermieden oder sind schwer gestürzt, ohne sich zu verletzen? Engel und

Geistführer helfen jedem; der einzige Unterschied zwischen denen, die glauben, und denen, die nicht glauben, ist das Bewusstsein, zu wissen, dass ihnen geholfen wird.

Lernen Sie, "Danke" zu sagen, wenn Ihnen etwas Gutes widerfährt oder wenn Sie etwas Schlechtes vermeiden, und Sie werden sehen, wie sich Ihr Leben verändert. Ihre Veranlagung, spirituelle Botschaften und Signale zu empfangen, wird von Tag zu Tag zunehmen, und Sie werden viel glücklicher sein.

GEISTIGE HEILUNG: SICH SELBST UND ANDERE HEILEN MIT DER HILFE VON GEISTFÜHRERN

Geistiges Heilen ermöglicht es Ihnen, den physischen Körper durch die Heilung des Ätherkörpers zu heilen. Unsere ätherischen Organe sind nämlich eng mit den physischen Organen verbunden und manifestieren jedes Mal eine Störung, wenn eine emotional intensive Episode nicht aufgearbeitet wird und eine Energieblockade erzeugt.

Krankheit entsteht, wenn unsere Energiesysteme aus dem Gleichgewicht geraten sind.

Die Geistführer greifen ein, indem sie unsere Systeme ausbalancieren und sie auf die Schwingung der Gesundheit einstimmen.

Das ist in etwa das, was wir tun, wenn wir eine Gitarre stimmen und alle Saiten in Harmonie zueinander bringen.

Zahlreiche Techniken können die geistige Heilung fördern: Reiki, Theta-Heilung, die Heart-Touch-Methode, aber Heilung durch das Eingreifen der Geistführer ist extrem schnell und tiefgreifend.

Geistiges Heilen kann durch die Geistführer erfolgen, und es kann in der Gegenwart oder aus der Ferne geschehen.

Ich nutze geistiges Heilen oft, um mich selbst und geliebte Menschen zu heilen, sowohl diejenigen, die in meiner Nähe leben, als auch diejenigen, die weit weg sind.

Einmal habe ich meine Geistführer gebeten, einen Freund von einem anderen Kontinent zu heilen, der durch eine schlimme Form von Gelbfieber in Lebensgefahr schwebte. Er war schon seit Tagen krank und fürchtete um sein Leben.

Ich bat die Geistführer, ihn mit einer der Techniken zu heilen, die ich im Kurs "Geistiges Heilen" lehre, und am nächsten Tag wachte mein Freund völlig gesund auf. Er duschte, ging zur Hochzeitsfeier eines Kollegen und war nicht mehr krank.

Geistiges Heilen ist auch bei Tieren sehr wirksam. Allerdings geht es bei Tieren schneller, weil sie nicht mit den Blockaden und dem geistigen Überbau zu kämpfen haben, die bei Menschen oft die Heilung behindern. Bei Tierheilungssitzungen bin ich immer wieder begeistert, wenn ich sehe, wie sich diese liebenswerten Geschöpfe der Heilenergie hingeben. Manche von ihnen fallen in Trance, andere schlafen ein, wieder andere legen ihren Kopf auf meinen Arm oder Fuß und lassen sich gehen.

Um geistige Heilung zu bitten, ist es nicht notwendig, spezielle Kurse zu besuchen; manchmal genügt es, zu beten.

Das Gebet ist eine kraftvolle Form der Heilung, weil es uns erlaubt, uns mit der Energie der universellen Liebe zu verbinden, die unter Beachtung des Gesetzes des freien Willens wirkt. Das bedeutet, dass der Empfänger bereit sein muss, die Heilung anzunehmen, um sie vollständig zu erhalten.

Oft sind es unbewusste Gründe wie Schuldgefühle, der Wunsch, den Schmerz eines geliebten Menschen zu teilen, der leidet, oder negative Gedanken, die die Wirkung der Heilung einschränken und blockieren.

Wenn Sie also für jemanden um geistige Heilung bitten, seien Sie bereit, die Tatsache zu akzeptieren, dass die Heilung vielleicht nicht so eintritt, wie Sie es erwarten. In jedem Fall bringt die Heilenergie immer eine heilende

Wirkung mit sich, und derjenige, der sie empfängt, erfährt jedes Mal ein tiefes Gefühl von Frieden und Erleichterung, das es ihm ermöglicht, jede Form von Unbehagen zu ertragen und zu bewältigen.

GEFÜHRTE ENGELSMEDITATION FÜR KÖRPERLICHE HEILUNG

Ich biete Ihnen eine wunderschöne geführte Meditation der spirituellen Heilung an, die Sie so oft wie Sie wollen durchführen können, wenn Sie emotional niedergeschlagen sind oder wenn Sie körperliche Beschwerden haben.

- Suchen Sie sich einen ruhigen Ort, nehmen Sie eine bequeme Position ein und atmen Sie etwas tiefer als normal, aber zwingen Sie sich nicht dazu.

- Spüren Sie, wie die Luft ein- und ausströmt, und mit jedem Atemzug entspannen Sie sich mehr und mehr.

- Ihre Atmung wird langsamer und tiefer, während Sie sich immer mehr entspannen.

- Befreien Sie Ihren Geist von allem, was ihn belastet; lassen Sie jedes Gewicht beim Ausatmen los.

- Die Luft kommt ein und aus, und Sie entspannen sich immer mehr.

- Sie verbinden sich mit Ihrem Innersten; Sie verbinden sich mit dem Göttlichen in Ihnen. Lassen Sie sich von der Energie der göttlichen Liebe leiten, lassen Sie sich von ihr einhüllen. Spüren Sie den Frieden, spüren Sie die Liebe, spüren Sie die Gegenwart des Göttlichen in Ihnen, und lassen Sie sich gehen.

- Stellen Sie sich vor, Sie betreten einen wunderschönen Wald voller Licht; treten Sie ein und gehen Sie auf den Weg zu, den Sie direkt vor sich finden. Es ist so ein weicher Weg. Es ist so angenehm zu laufen.

- Schauen Sie sich die Bäume um Sie herum an – sie sind großartig.

- Beim Gehen spüren Sie, wie sich Ihr Körper entspannt; er entspannt sich mit jedem Schritt mehr und mehr.

- Beobachten Sie die Natur, die Sie umgibt. Beobachten Sie die Farben, nehmen Sie den Duft der Natur wahr; es gibt so viel Frieden.

- Wie ist die Luft? Ist sie frisch? Heiß? Beobachten Sie sie.

- Das Sonnenlicht streichelt sanft Ihr Gesicht und Sie spüren Frieden, Freude, Gelassenheit.

- Gehen Sie weiter an diesem Ort des großen Friedens und der Schönheit, gehen Sie, bis Sie einen wunderschönen Strahl aus perlmuttweißem Licht vor sich sehen.

- Gehen Sie näher an das Licht heran, bis Sie eine große Treppe aus goldenem Licht sehen, die sich zum Himmel erhebt.

- Gehen Sie langsam die erste Stufe hinauf, dann die zweite und dann die dritte. Die Treppe strahlt im Sonnenlicht und Sie strahlen mit ihr.

- Gehen Sie weiter nach oben, und während Sie nach oben gehen, wird der Wald unter Ihnen kleiner und kleiner.

- Gehen Sie durch die Wolken und klettern Sie weiter. Spüren Sie, wie die Luft frischer und kühler wird – es ist so angenehm. Genießen Sie dieses Gefühl.

- Während Sie sich weiter erheben, spüren Sie, wie Ihr Körper leichter und vitaler wird. Klettern Sie weiter, bis Sie die Spitze der Leiter erreichen.

- Wenn Sie oben angekommen sind, schauen Sie nach links und richten Sie Ihren Blick auf diese prächtige goldene Struktur, die Sie sehen. Sehen

Sie, wie majestätisch sie ist und wie sie strahlt, gestützt von ihren prächtigen goldenen Säulen.

- Nähern Sie sich der Struktur und treten Sie ein.

- Die Zeit bleibt stehen und Sie fühlen sich von einem tiefen Gefühl des Friedens überwältigt. Das Licht ist überall um Sie herum und Sie strahlen in Liebe.

- Schauen Sie sich um. Gibt es Stühle? Sessel? Kissen? Finden Sie einen Platz zum Sitzen.

- Bleiben Sie für eine Weile in der Stille und dem Frieden dieses wunderbaren Ortes.

- Das Licht wird immer intensiver und lässt einen Blick auf eine wunderschöne Reihe leuchtender Engel zu, die durch die goldenen Säulen in die goldene Struktur eintreten. Ihre Flügel erstrahlen in weißem und goldenem Licht, sie sind erfüllt von der Liebe Gottes.

- Einer der Engel sitzt direkt hinter Ihnen. Spüren Sie seine Kraft und Energie. Liebe umgibt Sie.

- Der Engel öffnet seine Flügel und hüllt Sie ein; seine Energie wird zu Ihrer Energie. Heilung beginnt. Lassen Sie sich fallen und lassen Sie die Heilung in Ihnen geschehen.

- Bleiben Sie in diesem ruhigen Zustand und empfangen Sie Ihre Heilung.

- Der Engel schließt seine Flügel und streichelt Ihr Gesicht. Jetzt wissen Sie, dass die Heilung stattgefunden hat.

- Bedanken Sie sich bei Ihrem Engel, stehen Sie dann langsam auf und gehen Sie zum Ausgang, geben Sie Ihren Platz einer anderen Person, die eine Heilung braucht.

- Erreichen Sie langsam den Ausgang und gehen Sie zur Leiter. Werfen Sie einen letzten Blick auf das goldene Gebäude und gehen Sie dann langsam die Stufen eine nach der anderen hinunter.

- Mit jedem Schritt, den Sie nach unten gehen, fühlen Sie sich stärker, gesünder, glücklicher und vitaler.

- Gehen Sie weiter nach unten, während Sie die Veränderung spüren, die in Ihnen stattgefunden hat. Ihr Körper wurde geheilt, er wurde regeneriert. Liebe hat eine totale Heilung in Ihnen bewirkt, fühlen Sie es.

- Gehen Sie weiter nach unten und halten Sie bei der vorletzten Stufe an. Seien Sie sich der Gnade bewusst, die Sie erhalten haben; des empfangenen Segens.

- Gehen Sie mit Freude im Herzen und mit unendlicher Dankbarkeit die letzten beiden Stufen hinunter. Bedanken Sie sich noch einmal für alles, was Ihnen gegeben wurde. Dann sanft zurück ins Hier und Jetzt. Öffnen Sie Ihre Augen, atmen Sie tief ein und nehmen Sie Ihre Aktivitäten wieder auf.

HEILUNG DURCH CHAKREN

Die Heilung durch die Chakren ist einer der einfachsten und schnellsten Wege, um Beschwerden zu heilen, die körperliches und emotionales Unbehagen verursachen.

Die Chakren sind Energiezentren, die die Verteilung der Lebensenergie in unserem Körper regulieren. Sie befinden sich entlang der Energiemeridiane und sind für die Gesundheit und das gute Funktionieren unserer Organe auf der Energieebene verantwortlich.

Befindet sich eines der Chakren im Ungleichgewicht oder beherbergt es eine Energieblockade, treten bei den Organen und Systemen, mit denen es in Verbindung steht, Probleme aufgrund von Fehlfunktionen oder Krankheiten auf.

Es gibt 144 Chakren, aber der Einfachheit halber und wegen der Funktionen, die sie regulieren, werden wir uns nur mit den 7 bekanntesten beschäftigen, die in unserem feinstofflichen Körper an der Wirbelsäule angeordnet sind.

Wie kann die energetische Ausrichtung der Chakren unser Gesundheit beeinflussen? Die Antwort auf diese

Frage ist sehr einfach. Alles im Universum ist Energie, und auch wir Menschen sind aus Energie gemacht. Wenn uns etwas stört, schmerzt oder beunruhigt, wird unser Energiesystem in Mitleidenschaft gezogen und es entstehen "Energiestaus", die in uns körperliche, psychologische und emotionale Störungen hervorrufen.

Der Zustand der Krankheit manifestiert sich, bevor er sich im physischen Körper zeigt, im feinstofflichen Körper, der energetischen Schicht, die den Körper umgibt. Wenn wir nicht handeln und die Blockade, die in einem der Organe oder Systeme in unserem Ätherkörper entstanden ist, nicht auflösen, dann wird die Krankheit auf das entsprechende Organ oder System im physischen Körper übertragen.

Lassen Sie uns ein Beispiel nehmen. Wenn Sie im Büro von Ihrem Vorgesetzten angeschrien oder unhöflich angesprochen und vor anderen Leuten gedemütigt werden, sammeln sich der Ärger und der Kummer über die Ungerechtigkeit im Ätherkörper an, und zwar genau dort, wo sich der Magen befindet. Das Chakra in der Nähe des Magens ist in der Tat das Chakra der persönlichen Macht, der Selbstbehauptung und der Stärke. Blockierte Energie auf der Ebene des ätherischen Magens wird eine momentane Blockade im Fluss der Lebensenergie in diesem Bereich erzeugen. Es ist so, als ob Sie von Ihrem Chef einen energetischen Schlag in den Magen bekommen hätten. Wenn Sie sich nicht mit der Situation auseinandersetzen: indem Sie eine Klärung mit Ihrem Vorgesetzten suchen, indem Sie ihm in einem scharfen Ton sagen, was Sie von ihm oder seinem Verhalten halten, oder indem Sie die Sache abblasen und den ungesunden Arbeitsplatz verlassen, wird sich der Ärger, den Sie auf der Ebene des ätherischen Magens empfinden, auf Ihren physischen Magen übertragen und zu Gastritis und in schweren Fällen zu Störungen des gesamten Magen-Darm-Trakts führen.

Wenn wir uns im Körper unwohl fühlen, liegt immer ein Ungleichgewicht in einem der Chakren vor, das eine schlechte Verteilung unserer Lebensenergie bedingt. Um den Körper wieder in seinen ursprünglichen Gesundheitszustand zu versetzen, müssen wir die Energie, die in den Chakren gefangen ist, freisetzen und das ursprüngliche Gleichgewicht wiederherstellen.

Sehen wir uns im Detail an, welches die sieben Chakren sind, um die Sie sich von nun an besser kümmern müssen, welche Organe und Systeme mit jedem von ihnen verbunden sind und wie Sie ihre Funktion verbessern können.

Das Wurzelchakra (Muladhara)

Das Wurzelchakra oder erste Chakra befindet sich an der Basis der Wirbelsäule und reguliert die Knochen, das Lymphsystem, den Geruchssinn, die Prostata und die Beine. Es wird mit der Farbe Rot und dem Element Erde in Verbindung gebracht und steuert unser Überleben sowie unser Gefühl von Stabilität und Sicherheit.

Wenn es aus dem Gleichgewicht geraten ist, kann es Schuldgefühle, Angst, Schwierigkeiten bei der Lebensbewältigung, Misstrauen und Unsicherheit hervorrufen.

Um das Wurzelchakra zu harmonisieren und es wieder in sein ursprüngliches Gleichgewicht zu bringen, können Sie Folgendes tun:

- Praktizieren Sie Visualisierungsübungen für die rote Farbe.
- Tragen Sie Kleidung und persönliche Gegenstände, die die Farbe Rot enthalten.
- Sport oder körperliche Aktivität im Freien.
- Machen Sie bewusste Gehübungen und versuchen Sie, die Empfindungen beim Aufsetzen und Anheben des Fußes wahrzunehmen.
- Massieren Sie Ihre Füße und pflegen Sie sie.

- Praktizieren Sie Erdungsmeditation.
- Hören Sie Musik, die die Frequenz des ersten Chakras reproduziert.

Das Sakralchakra (Svadhisthana)

Das Sakralchakra befindet sich energetisch in der Mitte des Unterleibs, zwei Fingerbreit unterhalb des Nabels. Es wird mit der Farbe Orange und dem Element Wasser assoziiert und reguliert die Sexualorgane, das Fortpflanzungssystem und den gesamten unteren Rücken. Es regelt die Freiheit des Ausdrucks, die Kreativität und den Sinn für Vergnügen. Wenn es nicht im Gleichgewicht ist, kann es zu Problemen sexueller Art, geringem Selbstwertgefühl und Persönlichkeitsstörungen führen.

Um das Sakralchakra zu harmonisieren und es wieder in sein ursprüngliches Gleichgewicht zu bringen, können Sie Folgendes tun:

- Machen Sie zu Hause lange Schwimmrunden oder lange Bäder in der Wanne, indem Sie dem Wasser etwas Meersalz hinzufügen.
- Machen Sie Energiereinigungsübungen.
- Tragen Sie Kleidung und persönliche Gegenstände, die die Farbe Orange enthalten.

- Gönnen Sie sich mindestens einmal pro Woche eine entspannende Massage,
- Massieren Sie den Bauchbereich mit einem warmen, feuchten Tuch.
- Hören Sie Musik, die die Frequenz des zweiten Chakras reproduziert.
- Machen Sie Meditationsübungen.

Das Solarplexus-Chakra (Manipura)

Dies ist das Chakra, das am häufigsten unter den Auswirkungen des täglichen Stresses, in denen wir leben, leidet.

Es befindet sich unterhalb des Zwerchfells und wird mit der gelben Farbe und dem Feuerelement in Verbindung gebracht. Es reguliert mehrere Organe: den Magen, die Leber, die Eingeweide, die Haut, die Muskeln, die Augen und das Sehvermögen.

Es steuert unsere Willenskraft, unsere persönliche Stärke und unser Selbstvertrauen.

Wenn es aus dem Gleichgewicht gerät, kann es zu Verdauungsproblemen wie Geschwüren und Gastritis kommen, aber auch zu Fettleibigkeit, Müdigkeit, Persönlichkeitsstörungen, geringes Selbstwertgefühl und Minderwertigkeitsgefühle.

Um das Solarplexus-Chakra zu harmonisieren und es wieder in sein ursprüngliches Gleichgewicht zu bringen, können Sie Folgendes tun:

- Üben Sie Visualisierungsübungen für die gelbe Farbe.
- Sport oder körperliche Aktivität im Freien.
- Gehen Sie spazieren oder genießen Sie die Erholung im Freien, wenn die Sonne scheint.
- Hören Sie Musik, die die Frequenz des dritten Chakras reproduziert.
- Machen Sie Meditationsübungen.

Das Herzchakra (Anahata)

Das Herzchakra befindet sich in der Mitte der Brust und wird mit der Farbe Grün und dem Element Luft in Verbindung gebracht.

Es steht in Verbindung mit dem Herz, den Lungen und dem Kreislaufsystem und steuert die Art und Weise, wie wir mit anderen in Beziehung treten, wie wir Liebe erfahren und unsere empathischen Fähigkeiten. Wenn es aus dem Gleichgewicht geraten ist, kann es zu Herz- und Atemproblemen sowie zu Beziehungsschwierigkeiten führen, die sich in Isolation und Ablehnung gegenüber anderen äußern können.

Um das Herzchakra zu harmonisieren und wieder in sein ursprüngliches Gleichgewicht zu bringen, können Sie Folgendes tun:

- Machen Sie Aktivitäten, bei denen Freunde und Menschen, die Sie lieben, anwesend sind.
- Nehmen Sie sich Zeit, um Momente der Muße zu genießen.
- Gönnen Sie sich jeden Tag einen Moment der Verwöhnung.
- Hören Sie Musik, die die Frequenz des vierten Chakras reproduziert.
- Machen Sie Meditationsübungen.

Das Hals-Chakra (Vishuddha)

Das Hals-Chakra befindet sich an der Basis des Halses und ist mit der Farbe Blau und dem Element Äther verbunden.

Es ist mit dem Hals, dem Nacken, den Händen und den Armen verbunden. Es regelt unsere Fähigkeit zu kommunizieren und uns auszudrücken, das Zuhören und die Fähigkeit, die Wahrheit zu sagen.

Wenn es nicht im Gleichgewicht ist, kann es zu Problemen mit der Stimme, der Schilddrüse und den Stimmbändern.

Um das Hals-Chakra zu harmonisieren und wieder in sein ursprüngliches Gleichgewicht zu bringen, können Sie Folgendes tun:

- Üben Sie die Wiederholung spezifischer Klänge.
- Üben Sie den OM-Gesang.
- Hören Sie Musik, die die Frequenz des fünften Chakras reproduziert.
- Tragen Sie Kleidung und persönliche Gegenstände, die die Farbe Blau enthalten.
- Machen Sie Meditationsübungen.

Das dritte Augenchakra (Ajna)

Das dritte Augenchakra befindet sich auf der Stirn, in der Mitte der Augen, und ist mit der Farbe Indigo und dem Element Licht verbunden.

Es ist das Chakra der Intuition und Kreativität; es steuert übersinnliche Fähigkeiten und geistige Klarheit. Wenn es aus dem Gleichgewicht gerät, kann es Halluzinationen, Kopfschmerzen, geistige Verwirrung, Sehstörungen und psychische Störungen verursachen.

Um das dritte Auge zu harmonisieren und es wieder in seinen ursprünglichen Zustand des Gleichgewichts zu bringen, können Sie Folgendes tun:

- Hören Sie Musik, die die Frequenz des sechsten Chakras reproduziert.
- Machen Sie Meditationsübungen.
- Führen Sie Visualisierungsübungen durch.
- Nehmen Sie sich Zeit für Einzel- und Paaraktivitäten, um außersinnliche Aktivitäten zu entwickeln.

Das Kronenchakra (Sahasrara)

Das Kronenchakra befindet sich oberhalb des Kopfes und wird mit der violetten Farbe und dem Metallelement in Verbindung gebracht. Es reguliert das Gehirn, das Nervensystem, die Spiritualität und die Verbindung mit der geistigen Welt.

Wenn es aus dem Gleichgewicht geraten ist, kann es zu Konzentrationsproblemen, geistiger Verwirrung und Steifheit führen.

Um das Kronenchakra zu harmonisieren und wieder in sein ursprüngliches Gleichgewicht zu bringen, können Sie Folgendes tun:

- Hören Sie Musik, die die Frequenz des siebten Chakras reproduziert.
- Machen Sie fortgeschrittene Meditationsübungen.

- Nehmen Sie sich Zeit für Gebet und spirituelle Übungen.
- Üben Sie Energietechniken, um Blockaden und mentale Konditionierung zu beseitigen

PSYCHISCHE EMPATHIE

Empathie ist die Fähigkeit zu verstehen, was andere Menschen fühlen, die Dinge aus ihrer Sicht zu sehen und sich in ihre Lage zu versetzen. Empathische Menschen empfinden Mitgefühl für diejenigen, die leiden, weinen, wenn jemand weint, und freuen sich, wenn andere glücklich sind. Sie sind in der Lage, die energetischen Schwingungen an Orten und in Gruppen von Menschen wahrzunehmen.

Manche Empathen sind auch in der Lage, die Energie von Gegenständen und Menschen zu spüren, die sie getragen oder gehalten haben. Diese besondere Fähigkeit wird als Psychometrie bezeichnet und ist typisch für psychische Empathen. Hier sind einige der häufigsten Merkmale von psychischen Empathen:

<u>Sie sind ausgezeichnete Zuhörer.</u> Hellseherische Empathen sind immer bereit, anderen zu helfen und verfügen über eine unglaubliche Fähigkeit des Zuhörens. Freunde, Bekannte und alle Menschen, die sie treffen, neigen dazu, ihnen von ihrem Leben zu erzählen, sie um Rat zu fragen und Trost und Gesellschaft zu suchen. Ihre Art des Zuhörens und ihre Fähigkeit, Emotionen zu

verstehen, fördert eine Art emotionale Heilung bei anderen.

Die Menschen vertrauen sich ihnen an und erzählen ihnen von ihren Problemen. Psychische Empathen verbringen einen großen Teil des Tages damit, sich das Vertrauen und die Probleme anderer Menschen anzuhören. Sie sind oft gezwungen, ihre beruflichen und familiären Verpflichtungen zurückzustellen, weil jemand sie braucht.

Sie kümmern sich darum, was andere denken und fühlen. Menschen mit Einfühlungsvermögen machen sich ständig Gedanken darüber, was andere denken. Sie tun alles, um sie nicht zu verletzen, und verzichten oft auf die Befriedigung ihrer eigenen Wünsche, um niemandem zu schaden.

Viele Menschen wenden sich für Tipps und Ratschläge an sie. Psychische Empathen gelten als hervorragende Berater. Sie sind in der Lage, sich in andere hineinzuversetzen, und können so immer den richtigen Rat geben. Der emotionale Aufwand, der betrieben wird, um anderen zu helfen, ist manchmal übertrieben und führt dazu, dass sich die empathische Person müde und ausgelaugt fühlt.

<u>Sie können in weniger als einer Sekunde erkennen, wenn andere lügen.</u> Hellseherische Empathen können sofort erkennen, ob eine Person aufrichtig ist oder nicht. Sie können es fühlen.

Sie können die Mikrobewegungen des Körpers entschlüsseln und jede kleine Nuance im Tonfall der Stimme erfassen. Diese Fähigkeit führt sie oft in einen Stresszustand, der durch die Frustration verursacht wird, mit Menschen zu tun zu haben, die sie für falsch und gefährlich halten.

<u>Sie fühlen sich oft ausgelaugt und von den Problemen anderer überwältigt.</u> Anderen zuzuhören ist nie einfach, vor allem nicht für einen Empathen. Empathische Menschen fühlen, was andere fühlen; sie erleben deren Emotionen. Wenn man gezwungen ist, mehrere Stunden am Tag, oft sogar jeden Tag, den Geschichten anderer zuzuhören, kann dies zu Gefühlen der Erschöpfung und energetischen Leere führen. Die persönlichen Energien werden von anderen abgezogen, und Empathen fühlen sich ihrer eigenen Vitalität beraubt.

<u>Sie haben Schwierigkeiten, Grenzen zwischen sich und anderen zu ziehen.</u> Das Bedürfnis, anderen zu helfen, bringt empathische Menschen dazu, ihre eigenen

Bedürfnisse zu vernachlässigen. Wenn ein Freund in Schwierigkeiten ist, bekommt er ihre ganze Aufmerksamkeit, egal wann sie an seine Tür klopfen oder ob sie das Abendessen oder einen Moment der Entspannung stören. Empathische Menschen sind immer für diejenigen da, die Hilfe brauchen.

<u>Sie meiden überfüllte Orte</u>. Der Aufenthalt an überfüllten Orten kann bei empathischen Menschen Stress auslösen, da sie dort dem Energiebombardement emotionaler Schwingungen ausgesetzt sind, das von anderen Menschen ausgeht. Empathen ziehen es vor, sich an ruhigen Orten aufzuhalten, nur mit wenigen Menschen zusammen zu sein und sich, wenn sie können, an abgelegene Orte zurückzuziehen, um sich aufzuladen.

<u>Sie sind zurückhaltende Menschen</u>. Empathische Menschen spüren jede Emotion, jede Schwingung und jeden Stimmungswechsel, und das zwingt sie dazu, die meiste Zeit damit zu verbringen, die Gefühle, die sie empfangen, zu erkennen und sich nicht von ihnen beeinflussen zu lassen.

Ihr Innenleben ist sehr reichhaltig, und das zwingt sie dazu, immer ein wenig mit dem Kopf in den Wolken zu sein.

 Die emotionale Überlastung, die durch die ständigen Bitten um Hilfe und die Ausbrüche von Freunden und Bekannten entsteht, veranlasst empathische Menschen, Einsamkeit zu suchen, um sich aufzuladen und die aufgenommene Fremdenergie loszuwerden.

Kinder und Tiere werden von ihnen angezogen. Kinder und Tiere sind von Natur aus empathisch; sie sind in der Lage, die Emotionen anderer zu spüren und erkennen die Sensibilität und Güte der Seele empathischer Menschen.

Wenn Sie über psychisches Einfühlungsvermögen verfügen, haben Sie es schon erlebt, dass Sie von den Haustieren von Freunden und Bekannten geknuddelt und gestreichelt wurden und dass Sie von Kindern angelächelt und gestreichelt wurden.

Es passiert mir oft, dass ich von kleinen Kindern im Arm ihrer Mütter oder im Kinderwagen gestreichelt werde. Oft bemerke ich ihre Anwesenheit gar nicht, weil ich im Bus oder im Flugzeug sitze, aber ihre kleinen Hände erreichen mich immer.

Sie haben eine sehr ausgeprägte Spiritualität. Empathen sind spirituelle Menschen. Sie glauben an die universelle Liebe, an die Verbindung mit dem Universum und mit jedem Lebewesen auf dem Planeten. Sie sind in der Lage, eine starke Verbindung mit dem Göttlichen herzustellen, das sie in jeder Person spüren und sehen.

<u>Sie lieben den Kontakt mit der Natur.</u> Empathische Menschen tanken auf, wenn sie in die Natur eintauchen. Sie nehmen die Energie von Bäumen, Pflanzen, Blumen und der Sonne auf. Sie sehen alles als eine Manifestation der göttlichen Energie, mit der sie sich regenerieren. Sie lieben es, sich in der Betrachtung von Landschaften und der Tierwelt zu verlieren.

<u>Sie können nicht nein sagen.</u> Empathischen Menschen fällt es schwer, Nein zu sagen, denn Ablehnung löst bei den Empfängern negative Gefühle aus, mit denen sie sich nicht auseinandersetzen wollen. Um die negativen Gefühle anderer zu vermeiden, ziehen sie es vor, immer ja zu sagen und sie glücklich zu machen.

<u>Sie mögen launisch erscheinen.</u> Empathen sind ständig den Emotionen der Menschen ausgesetzt, mit denen sie zusammentreffen, und das kann dazu führen, dass ihre Stimmung wechselhaft ist. In einem Moment sind sie glücklich und zufrieden, im nächsten sind sie nervös und besorgt; alles hängt von der Art der Emotion ab, die sie bekommen.

<u>Sie werden als zu freundlich und herablassend angesehen</u>. Empathische Menschen werden oft als zu gütig empfunden. Es gibt Menschen, die ihnen aus Neid übermäßige Verfügbarkeit vorwerfen, weil sie gerne die gleiche Liebe erhalten würden, die Empathen erhalten. Manche Menschen machen sich Sorgen um sie, weil sie übermäßigem Stress ausgesetzt sind.

<u>Sie haben oft Beziehungsprobleme</u>. Das Bedürfnis empathischer Menschen nach Einsamkeit führt oft zu Problemen in ihren Liebesbeziehungen. Nach einem anstrengenden Tag, an dem sie anderen zugehört haben, suchen Empathen die Stille und die Einsamkeit, was beim Partner, der sich Zuhören und Aufmerksamkeit wünscht, Gefühle der Wut und des Grolls auslösen kann. Die Unzufriedenheit des geliebten Menschen wird vom empathischen Partner emotional wahrgenommen und nährt seine geistige Erschöpfung, die ihn dazu bringt, sich zu distanzieren oder schmerzhafte Diskussionen und Konfliktmomente zu führen.

DIE VERSCHIEDENEN FORMEN DER EMPATHIE

Empathie ist eine komplexe Fähigkeit, die verschiedene Formen annehmen kann: Sie kann kognitiv, emotional, mitfühlend oder psychisch sein.

Psychische Empathie

Psychische Empathie ist die Fähigkeit, außersinnliche Informationen zu empfangen und weiterzugeben.

Es gibt verschiedene Formen der übersinnlichen Einfühlung: Telepathie, Psychometrie, Geomantie und Präkognition.

Telepathie, auch bekannt als telepathische Empathie, besteht in der Fähigkeit, die Gedanken einer anderen Person zu lesen; die Psychometrie erlaubt es, Informationen über eine Person zu erhalten, indem man einfach einen Gegenstand berührt, der ihr gehört; Geomantie erlaubt es, die Grundwasserleiter im Untergrund zu identifizieren und die Wetterbedingungen vorherzusagen; Präkognition hingegen erlaubt es, Ereignisse vorherzusagen, die in der Zukunft stattfinden werden.

Kognitive Empathie

Kognitive Empathie ist die Fähigkeit, sich in andere hineinzuversetzen und deren Standpunkte klar zu erkennen. Diese Fähigkeit wird von erfolgreichen Rednern und erstklassigen Verkäufern genutzt.

Diejenigen, die nur über diese Form der Empathie verfügen, zeigen kein Mitgefühl für andere; es interessiert sie nicht im Geringsten, was diese denken und wie es ihnen geht.

Kognitive Empathie ist typisch für narzisstische Menschen und Manipulatoren, die perfekt erkennen können, was andere denken und was sie wirklich wollen.

Emotionale Empathie

Bei der emotionalen Empathie kommt es im Gegensatz zur kognitiven Empathie zu einem echten Austausch von Gefühlen zwischen der empathischen Person und den ihr nahestehenden Personen. Wer über diese Art von Empathie verfügt, ist in der Lage zu fühlen, was andere fühlen: Wut, Schmerz, Traurigkeit; alles wird so wahrgenommen, als ob es in der ersten Person erlebt würde. Die Vielfalt der Emotionen, die von den Menschen in ihrer Umgebung empfunden werden, macht die Stimmung der empathischen Person wechselhaft und unvorhersehbar: Sie ändert sich, wenn sich die Stimmung der Menschen in ihrer Umgebung ändert, und beeinflusst ihre Beziehungen und ihr Berufsleben.

Mitfühlende Empathie

Die mitfühlende Empathie ist die komplexeste Form der Empathie, da sie auch kognitive und emotionale empathische Qualitäten umfasst. Der mitfühlende Empath ist in der Tat in der Lage, andere vollständig zu verstehen, zu fühlen, was sie fühlen und zu verstehen, was sie denken.

Wer über diese Art von Empathie verfügt, kann sich wirklich in andere hineinversetzen, ihre Gedanken und Gefühle nachempfinden und ist deshalb in der Lage, ihnen zu helfen, einen schwierigen Moment zu überwinden oder ein kompliziertes Problem zu lösen.

Selbstlose Menschen, die sich immer für andere einsetzen, die sich um ihr Wohlergehen und ihr Glück sorgen, verfügen über mitfühlende Empathie.

Diese Art der Empathie ist sowohl für die empathische Person als auch für die Menschen, denen sie hilft, eine große Hilfe; sie kann aber auch eine schwere Last sein, da sie die empathische Person der Gefahr aussetzt, sich mit dem Leiden anderer zu überlasten. Der Schmerz der

anderen kann zu ihrem eigenen werden, und die
Unfähigkeit, allen zu helfen, kann zu Gefühlen von
anhaltender Frustration und Traurigkeit führen. Diese
Art von Unbehagen wird als "empathischer Schmerz"
bezeichnet.

WIE MAN EMPATHISCHEN SCHMERZ VERMEIDET

Menschen mit psychischem Einfühlungsvermögen laufen oft Gefahr, von den Gefühlen anderer angesteckt zu werden. Oft empfinden sie selbst Schmerz und Traurigkeit, nur weil ein Freund oder Familienmitglied die gleichen Gefühle erlebt.

Empathen haben Schwierigkeiten, Grenzen zu setzen, und absorbieren schließlich alle Arten von Energie um sich herum, sodass sie in einer Art emotionalem Gefängnis gefangen sind, aus dem sie nicht entkommen können. In ihrem Bemühen, es anderen immer recht zu machen, belasten sie ihr Energiesystem, was zu dem führen kann, was der Psychologe Charles Figley das "Empathie-Syndrom" nennt.

Das Empathie-Syndrom ist eine Form von plötzlicher, erhöhter Müdigkeit, die als Folge der Überanstrengung, anderen zu helfen, entsteht. Diejenigen, die unter emotionaler Ermüdung leiden, können nicht aufhören, an die schmerzhafte Situation zu denken, die die Person erlebt hat, der sie geholfen oder zugehört haben; sie sind davon besessen.

Wenn der Schmerz zu groß wird, erleben empathische Menschen eine Art emotionale Distanzierung, die durch einen Überlebensmechanismus verursacht wird. Sie wirken abgelenkt, abwesend und sind nicht mehr in der Lage, einen Dialog mit anderen zu führen.

Um sich selbst zu schützen, entziehen sie sich jeder Form der Kommunikation.

Wenn der Leidensdruck ein hohes Niveau erreicht, kann er zu Angst- und Panikattacken, Schlafstörungen, Konzentrations- und Appetitlosigkeit führen. Wie kann man sich vor empathischem Schmerz schützen? Mit ein paar einfachen Tricks:

Lernen Sie, die Verbindung zu trennen

Bemühen Sie sich, einen Teil Ihres Tages für angenehme und erholsame Aktivitäten zu verwenden: einen Spaziergang, ein Fitnessstudio, ein Hobby, einen unterhaltsamen Film.

Dies wird Ihnen helfen, die richtige emotionale Distanz zu anderen zu wahren und deren Emotionen nicht aufzusaugen. Wenn Sie sich Zeit für sich selbst und Ihr Leben nehmen, können Sie klare Grenzen setzen und verhindern, dass die Probleme anderer Menschen auch zu Ihren werden.

Distanzieren Sie sich von den Problemen anderer Menschen

Wenn Sie das Zuhören üben, versuchen Sie, eine gesunde emotionale Distanz zu den Problemen der Person zu wahren, die sich Ihnen gegenüber äußert. Losgelöst zu sein bedeutet nicht, dass man sich für andere nicht interessiert. Es bedeutet nur, den Unterschied zwischen ihren Problemen und den Ihren, zwischen ihrem Leben und dem Ihren zu erkennen.

Zwerchfellatmung üben

Widmen Sie jeden Abend vor dem Einschlafen fünf Minuten der Zwerchfellatmung.Wenn Sie einatmen, wiederholen Sie im Geiste: "Ich atme Kraft und Vitalität ein", wenn Sie ausatmen, wiederholen Sie stattdessen: "Ich lasse all die Energie los, die nicht zu mir gehört, und jede Form von Negativität."

Negative Energie in positive umwandeln

Nutzen Sie die Kristalltherapie, um die negative Energie, die Sie aufnehmen, zu entladen und positive Energie zu empfangen. Gewöhnen Sie sich an, die Steine, mit denen Sie sich wohlfühlen, neben Ihrem Bett aufzubewahren, damit sie Ihnen helfen können, Ihre Lebensenergie zu regenerieren.

Nehmen Sie sich auch Zeit für sich selbst

Wann immer Sie sich versucht fühlen, Ihre eigenen Bedürfnisse zu vernachlässigen, um die der anderen zu befriedigen, halten Sie inne und beginnen Sie, sich selbst mit der gleichen Liebe und dem gleichen Respekt zu behandeln, den Sie anderen Menschen widmen. Dies wird Ihnen helfen, sich nicht von dem Gefühl des Mitgefühls auszehren zu lassen und die regenerierende Energie der Liebe in sich zu nähren.

Üben Sie jeden Tag ein wenig Meditation

Meditation ist der beste Weg, um alle Spannungen loszulassen und neue Energie zu tanken. Versuchen Sie, so oft wie möglich im Freien zu meditieren, damit Sie von der positiven Energie der Natur profitieren können.

Denken Sie daran, mindestens einmal am Tag eine Erdungs- und Schutzmeditation zu praktizieren, wie die, die Sie im nächsten Kapitel finden werden.

MEDITATION FÜR VERWURZELUNG UND SCHUTZ

Die Fähigkeit, sich zu verwurzeln, ist für Menschen mit übersinnlichen Fähigkeiten unerlässlich. Menschen mit übersinnlichen Fähigkeiten neigen dazu, in die Energie und Informationen, die sie erhalten, einzutauchen. Sie kümmern sich mehr um spirituelle Dinge als um materielle, und das kann zu ernsthaften Problemen bei der Arbeit und im Leben eines Paares führen.

- Wählen Sie, ob Sie während der Meditation sitzen oder stehen bleiben möchten.
  Die Fußsohlen müssen immer fest auf dem Boden stehen.
- Atmen Sie tief ein und schließen Sie die Augen. Konzentrieren Sie sich auf Ihre Atmung: Spüren Sie, wie die Luft durch Ihre Nase einströmt und aus Ihrem Mund austritt.
- Atmen Sie weiter, bis Sie sich ruhig fühlen und Ruhe Sie durchdringt.
- Legen Sie Ihre Hände zusammen und legen Sie sie auf Ihr Herz. Atmen Sie weiter tief durch.

- Konzentrieren Sie sich auf Ihre Fußsohlen. Stellen Sie sich vor, dass Wurzeln aus Ihren Fußsohlen kommen und langsam nach unten gehen.

- Die Wurzeln gehen immer weiter nach unten, sie überqueren den Boden und gehen immer weiter nach unten, bis sie den Mittelpunkt der Erde erreichen.

- Spüren Sie das Gefühl, wie die Wurzeln jede Schicht der Erde durchqueren: einige Schichten sind weicher, andere härter; Spüren Sie die Empfindung und lassen Sie die Wurzeln, die aus Ihren Füßen kommen, den Mittelpunkt der Erde erreichen.

- Die Wurzeln nähern sich immer mehr dem Erdmittelpunkt und man spürt bereits die Hitze.

- Die Wärme wird stärker und stärker; spüren Sie die Erde, die Sie zu sich zieht.

- Wenn Sie das Zentrum der Erde erreichen, halten Sie sich an etwas fest, das fest verwurzelt ist, das kann ein Felsbrocken sein oder etwas anderes, das Sie wahrnehmen oder visualisieren.

- Beginnen Sie, die Energie der Erde aufzunehmen: fühlen Sie sie, fühlen Sie ihre Wärme und Kraft, fühlen Sie, wie sie durch Ihre Wurzeln aufsteigt. Kreuzen Sie Ihre Füße und steigen Sie entlang

Ihrer Beine, Knie und Oberschenkel auf. Sie erreicht das Becken, den Bauch und die Brust und wandert an den Armen entlang. Dann geht sie den Rücken und die Beine hinauf und hinunter.

- Lassen Sie sich von der Energie der Erde regenerieren und stärken.

- Bleiben Sie ein paar Minuten in dieser tiefen Verbindung mit der Erde, während die Energie Ihren ganzen Körper heilt und stärkt.

- Spüren Sie, wie die Energie Ihren Körper umhüllt und eine Schutzbarriere um Sie herum bildet. Sie sind unantastbar, stark und vital, Wenn Sie sich vollkommen geerdet fühlen und Kraft und Vitalität spüren, danken Sie der Erde. Öffnen Sie langsam Ihre Augen und nehmen Sie Ihre Aktivitäten wieder auf.

SIGNALE, DIE ANZEIGEN DASS SIE ÜBERSINNLICHE FÄHIGKEITEN HABEN

Haben Sie den Verdacht, dass Sie übersinnliche Fähigkeiten haben, wollen aber sicher sein? Lesen Sie die unten aufgeführten Merkmale empathischer Menschen und finden Sie heraus, ob eines davon auf Sie zutrifft.

Sie können die Zukunft vorhersagen

Es kommt oft vor, dass man im Voraus weiß, was mit einer Person geschehen wird oder wie sich eine Situation entwickeln wird. Man muss nur von etwas oder jemandem hören, um ein klares Bild von dem zu bekommen, was passieren wird. Manchmal hat man plötzlich Einblicke in Ereignisse, die noch nicht eingetreten sind.

Manchmal verspüren Sie plötzlich und ohne besonderen Grund ein Gefühl der Traurigkeit

Manchmal ist man grundlos traurig, macht sich Sorgen oder hat Angst, und dann stellt man fest, dass es sich um dieselben Gefühle handelt, die ein geliebter Mensch oder eine Person, die einem nahe steht, empfindet.

Sie können die Gefühle eines geliebten Menschen auch aus der Ferne spüren.

Sie können verstehen, was andere sagen, auch wenn sie eine Sprache sprechen, die Sie nicht kennen

Sie sind in der Lage, jedes Gespräch in jeder Sprache zu verstehen, unabhängig davon, ob es um Sie oder andere Menschen geht. Ihr Verständnis für die Emotionen anderer Menschen kann die Codes der gesprochenen Sprache umgehen.

Sie treffen Menschen, die sich mit Ihnen in einer anderen Sprache unterhalten und scheinbar nicht merken, dass Sie sie nicht verstehen können.

Sie sind oft zur richtigen Zeit am richtigen Ort

Sie kommen zufällig an einen bestimmten Ort und erhalten dort die Antworten, nach denen Sie gesucht haben, oder Sie treffen die richtigen Leute für das Projekt, das Sie verwirklichen wollten.

Sie wissen, wie Sie sich auch im Ausland orientieren können, auch wenn Sie die Orte und Straßen nicht kennen.

Plötzlich wird eine Verabredung oder eine Reise abgesagt, und Sie stellen fest, dass das Ihr größtes Glück war.

Sie wissen Dinge

Sie wissen oft, was andere sagen werden, wer anrufen wird oder was passieren wird. Sie sprechen zufällig über Dinge, die Sie nicht wissen, und zwar mit der Genauigkeit von Details und mit einer charismatischen Stimme.

Sie müssen eine Rede halten oder etwas schreiben, und plötzlich haben Sie die richtige Intuition: als würde Ihnen jemand vorschlagen, was Sie schreiben oder sagen sollen.

Gesellschaftliche Ereignisse und überfüllte Orte machen Sie nervös

Sie versuchen immer, die Teilnahme an Geschäftsessen, Partys und Veranstaltungen zu vermeiden, denn der Aufenthalt in einer Menschenmenge verursacht bei Ihnen Stress und Unruhe. Während die anderen sich amüsieren, fühlen Sie sich traurig und erschöpft, Sie schauen sich um und fragen sich, was Sie dort tun.

Sie können die Aura von Menschen sehen

Wenn man Menschen betrachtet, sieht man oft einen Lichtschein um sie herum oder einen Schatten, der sie umgibt.

Man kann unterscheiden, ob die Menschen, die man trifft, gut oder schlecht sind, ob sie von Wesenheiten begleitet werden oder ob sie Hellseher sind.

Sie denken an jemanden und treffen ihn sofort danach

Manchmal denkt man plötzlich an jemanden, den man lange nicht gesehen hat, und am selben Tag oder am nächsten Tag trifft man ihn oder ruft ihn an. Sie wollen etwas und jemand gibt es Ihnen.

Sie spüren die Energie, die um Sie herum vorhanden ist

Oft geht man in ein Restaurant oder zu einem Freund und muss sofort wieder gehen, weil man nicht an diesem Ort bleiben kann: Man fühlt sich unwohl, hat Kopfschmerzen, fühlt sich bedrückt und weiß, dass man wegmuss.

Sie haben vorahnende Träume

Sie träumen von Dingen, die wahr werden. In Ihren Träumen begegnen Sie toten Verwandten, Geistführern und Menschen, denen Sie in der Zukunft begegnen werden. Manchmal wachen Sie mitten in der Nacht aus einem Traum auf, der so lebendig ist, dass er real erscheint.

Sie spüren, wenn jemand, den Sie lieben, Schmerzen hat oder in Gefahr ist

Sie spüren, wenn jemand, den Sie lieben, in Schwierigkeiten ist, auch wenn Sie schon lange nichts mehr von ihm oder ihr gehört haben und wenn er oder sie weit weg von Ihnen lebt.

Wenn Sie einen Raum betreten, können Sie spüren, ob die Anwesenden Kopf- oder Magenschmerzen haben oder sich anderweitig unwohl fühlen.

Sie spüren die Energie von Menschen durch Gegenstände

Wenn man einen Gegenstand berührt, spürt man die Energie desjenigen, dem er gehört. Sie können die Geschichte des Gegenstandes zurückverfolgen: wem er gehörte, ob er gekauft oder geschenkt wurde. Sie können auch mit Pflanzen und Tieren kommunizieren.

Sie spüren die Gesundheit der anderen

Indem man jemanden ansieht oder seine Stimme am Telefon hört, kann man seinen Gemütszustand und seinen Gesundheitszustand verstehen. Man erfährt auch, was die Ursache des Gesundheitsproblems ist und wie man es beheben kann.

Sie sehen und fühlen die spirituellen Wesenheiten

Sie sehen zufällig Lichtblitze oder flüchtige Schatten im Haus.

Sie wachen nachts auf und sehen nichtmenschliche Gestalten in Ihrem Zimmer. Sie spüren tagsüber Streicheleinheiten oder fühlen, wie sich das Bett bewegt, während Sie schlafen.

Sie können die Anwesenheit von Geistern auf Fotos sehen und sie an Orten oder neben Menschen wahrnehmen.

Sie kennen das Geschlecht eines Babys, noch bevor es geboren ist

Sie sind in der Lage, das Geschlecht eines Kindes zu erkennen, das noch nicht geboren wurde. Sie können erkennen, ob ein Paar ein langes gemeinsames Leben haben wird oder ob seine Beziehung bald enden wird. Manchmal genügt ein Blick auf ein Foto, um das Schicksal eines Paares zu erkennen.

Sie empfangen Botschaften aus der Geisterwelt

Sie sind in der Lage, die Botschaften der geistigen Welt durch Kanäle, Einsichten, Musik und Szenen im Fernsehen wahrzunehmen. Sie haben zufällig ein Problem zu lösen, oder Sie stellen sich Fragen über jemanden oder den Ausgang eines Projekts, und plötzlich spricht jemand im Fernsehen und Sie bekommen die Antwort, nach der Sie gesucht haben, oder Sie hören den Refrain eines Musikstücks, das genau mit Ihnen zu sprechen scheint.

ÜBUNGEN ZUR VERBESSERUNG IHRER ÜBERSINNLICHEN FÄHIGKEITEN

Hellseherische Fähigkeiten sind zwar angeboren, entwickeln sich aber durch Übung und Praxis. Die Übungen, die ich Ihnen anbieten möchte, werden Ihnen helfen, Ihre übersinnlichen Kräfte zu entwickeln und im Alltag zu nutzen.

Das Spiel der Kartenfarben

Das Spielen von Kartenfarben ist eine der gängigsten Methoden, um seine übersinnlichen Fähigkeiten zu trainieren und zu entwickeln.

Nehmen Sie einen Satz Pokerkarten und legen Sie sie auf einem Tisch aus. Atmen Sie tief ein, richten Sie Ihre Aufmerksamkeit auf die erste Karte und versuchen Sie zu erkennen, ob sie rot oder schwarz ist.

Testen Sie Ihre Fähigkeiten und finden Sie heraus, welche davon am besten entwickelt ist. Sie können zum Beispiel Ihre Hand auf die Karte legen und die Farbe psychometrisch erfühlen oder versuchen, sie zu visualisieren. Wiederholen Sie die Übung für jede Karte. Nach der dritten Karte mischen Sie das Deck. Üben Sie diese Übung jeden Tag.

Auch wenn es zunächst unmöglich erscheint, die Farbe der Karte zu erkennen, werden Sie mit etwas Übung Ihre Wahrnehmungsfähigkeiten verbessern können.

Die Übung der tanzenden Kerze

Die Übung mit der tanzenden Kerze ist sehr nützlich, um die Fähigkeit zu verbessern, die eigene Energie zu steuern und zu projizieren.

Zünden Sie eine Kerze an und stellen Sie sich vor die Kerze. Atmen Sie ein paar Mal tief durch und stellen Sie sich dann vor, wie die Energie aus Ihren Händen fließt und sich in Ihren Handflächen sammelt.

Führen Sie den Handrücken langsam an die Kerze heran. Bringen Sie Ihre Hand nicht zu nahe heran, um die Flamme nicht durch Luftbewegungen zu beeinflussen. Ziel dieser Übung ist es, die Kerzenflamme in die von Ihnen gewünschte Richtung zu bewegen.

Richten Sie Ihre Aufmerksamkeit immer auf die Kerze, konzentrieren Sie Ihre Energie auf die Hand und versuchen Sie, die Flamme zu beeinflussen. Versuchen

Sie es dann mit der anderen Hand. Indem Sie immer nur eine Hand benutzen, können Sie herausfinden, welche der beiden Hände am besten geeignet ist, die Energie auszusenden.

Wenn Sie Erfolg haben und es Ihnen gelingt, die Flamme in die gewünschte Richtung zu lenken, wiederholen Sie die Übung nur mit der Kraft der Gedanken, ohne Ihre Hände zu benutzen.

Übungen mit dem Pendel

Das Pendel ist ein vielseitiges Instrument, das sich für verschiedene Zwecke eignet.

Man kann es in der Kunst der Wahrsagerei verwenden, um die Gesundheit der Organe zu überprüfen, den Grad des Gleichgewichts der Chakren zu messen oder einfach zu üben, es mithilfe der eigenen Energie zu bewegen.

Bevor Sie beginnen, ist es gut, dass Sie das Pendel sorgfältig auswählen. Sie können es selbst bauen oder kaufen, wichtig ist nur, dass das Pendel ein spitzes Ende hat.

Wenn Sie sich für ein gekauftes Pendel entscheiden, empfehle ich Ihnen, es in einem Geschäft zu kaufen und nicht online, damit Sie es ausprobieren können. Halten

Sie es in der Hand, bevor Sie sich zum Kauf entschließen; Sie müssen es fühlen.

Die erste Übung, die ich vorschlage, ist der Versuch, das Pendel mit der Kraft der Gedanken zu beeinflussen.

Legen Sie Ihren Arm auf einen Tisch, sodass ein 90-Grad-Winkel entsteht. Heben Sie Ihre Hand an, um das baumelnde Pendel zu halten, und spannen Sie das Ende des Seils (oder der Kette) mit Daumen und Zeigefinger. Konzentrieren Sie sich auf das Pendel und versuchen Sie, dem Pendel mit der Kraft des Geistes zu befehlen, welcher Bewegung und Richtung es folgen soll.

Eine weitere Übung mit dem Pendel, die ich Ihnen empfehle, ist die der Wahrsagerei. Die Übung besteht darin, dem Pendel die Fragen zu stellen, die für Sie wichtig sind, und dann auf die Antworten zu warten.

Bevor Sie mit dem Stellen der Fragen beginnen, müssen Sie das Pendel einstellen, d.h. feststellen, welche Schwingung für JA und welche für NEIN steht. Bitten Sie dazu das Pendel: "Zeig mir das JA", und warte auf die Antwort, dann frage: "Zeig mir das NEIN". Ich empfehle Ihnen, das Pendel jedes Mal neu einzustellen, wenn Sie es befragen wollen, denn die Schwingungen für JA und NEIN können sich von Zeit zu Zeit ändern.

Es ist zum Beispiel möglich, dass das Pendel beim ersten Mal vertikal schwingt, um JA anzuzeigen, und horizontal, um NEIN anzuzeigen; beim zweiten Mal jedoch könnte die vertikale Schwingung NEIN und die horizontale JA anzeigen.

Wenn Sie mit dem Gebrauch des Pendels vertraut sind und die Antworten, die es Ihnen zeigt, klar erkennen können, können Sie es auch benutzen, um den Grad des Gleichgewichts der Chakren oder den Gesundheitszustand der Körperorgane zu überprüfen.

Um das Gleichgewicht der Chakren zu überprüfen, gehen Sie wie folgt vor:

Legen Sie die Person, die die Sitzung benötigt, hin. Stellen Sie das Pendel so ein, dass Sie die Schwingung sehen, die JA und die, die NEIN anzeigt, und legen Sie das Pendel auf jedes einzelne Chakra in einem Abstand von zwei Zentimetern vom Körper.

Fragen Sie für jedes Chakra: "Ist dieses Chakra im Gleichgewicht?" und warten Sie die Antwort ab. Beginnen Sie immer mit dem Wurzelchakra.

Das gleiche Verfahren können Sie auch anwenden, um die Gesundheit der Organe zu beurteilen.

Lassen Sie die Person, die Sie um die Beratung bittet, sich hinlegen. Stellen Sie das Pendel auf und platzieren Sie es dann in Übereinstimmung mit jedem Organ, wobei Sie immer den richtigen Abstand zum Körper einhalten. Fragen Sie für jedes Organ: "Ist dieses Organ gesund?" und warten Sie die Antwort ab. Wenn das Organ Schmerzen hat, fragen Sie, welche Art von Behandlung der Körper mag: Listen Sie alle Behandlungen und Therapien auf und warten Sie auf die Antwort des Pendels.

Die Ausübung der Projektion

Dies ist eine Übung für Paare. Bitten Sie Ihren Spielpartner, sich vor Sie zu setzen und die Augen zu schließen.

Atmen Sie zwei bis drei Mal tief ein und beginnen Sie, Ihre Energie auf ihn oder sie zu projizieren; projizieren Sie sie auf einen bestimmten Teil seines oder ihres Körpers. Fragen Sie dann, welche Art von Gefühl sie oder er empfunden hat und wo sie oder er es empfunden hat.

Die Übung des Fotos

Machen Sie ein Foto von einer Person, die Sie nicht kennen, die aber ein Freund oder Familienmitglied gut kennt.

Sehen Sie sich das Foto an und schreiben Sie alle Informationen auf, die Sie erhalten:

- Analysieren Sie die Emotionen der Person auf dem Foto. Wirkt diese Person auf Sie traurig? Glücklich? Besorgt? Verliebt?

- Ihre Persönlichkeit analysieren. Welcher Typ ist es? Ist er oder sie ein selbstloser Mensch? Selbstsüchtig?

  Ist er oder sie ernst? Lustig? Umgibt er oder sie sich gerne mit Freunden und glücklichen Menschen? Ist er oder sie ein einsamer Mensch?

- Versuchen Sie, die Rollen zu analysieren, die sie spielen. Ist er oder sie ein Elternteil? Ein Sohn oder eine Tochter? Ein Onkel oder eine Tante? Ein Ehemann? Eine Ehefrau? Wie verhalten sie sich in den verschiedenen Rollen? Sind sie zum Beispiel als Eltern präsent? Streng? Liebevoll? Analysieren Sie jede Rolle im Detail.

- Worum kümmern sie sich? Versuchen Sie, so viele Informationen wie möglich über ihre Berufe und Hobbys zu erhalten.

Wenn Sie mit dem Schreiben fertig sind, rufen Sie den Freund oder das Familienmitglied an, der/die diese

Person kennt, und überprüfen Sie die erhaltenen Informationen.

Der Schutzschild

Dies ist eine sehr wichtige Übung, die ich Ihnen empfehle, so bald wie möglich zu erlernen, denn sie wird Ihnen helfen, sich vor allen negativen Energien zu schützen, die Sie belästigen könnten.

Wählen Sie eine vertrauenswürdige Person für die Übung aus und bitten Sie sie, sich vor Sie zu setzen. Schaffen Sie ein schützendes Energieschild um sich herum und laden Sie die andere Person ein, Ihnen negative Energie zu schicken. Testen Sie Ihr Schild und trainieren Sie, schädliche Schwingungen abzuwehren.

Um das Energieschild zu erschaffen, brauchen Sie nur eine Lichtblase zu visualisieren, die Ihren ganzen Körper und auch Ihren Kopf und Ihre Füße bedeckt. Platzieren Sie die Energieblase einige Zentimeter von sich entfernt, damit Sie sich darin frei bewegen können und nicht den Schock negativer Energie spüren, die auf den Schild trifft.

Der Aufbau eines Schutzschildes sollte zu einer täglichen Gewohnheit werden, die Sie jeden Morgen praktizieren sollten, bevor Sie das Haus verlassen. Die Dauer des Schutzes durch das Schutzschild variiert zwischen drei und fünf Stunden, je nach Intensität der Energie, der Sie ausgesetzt sind. In jedem Fall ist es ratsam, das Schutzschild etwa alle drei Stunden aufzuladen.

TÄGLICHE MEDITATION: ERSCHAFFEN SIE IHR SCHUTZSCHILD

Wer übersinnliche Fähigkeiten hat, sollte nie ohne Schutzschild aus dem Haus gehen.

Ich habe diese kurze, aber wirkungsvolle Meditation für Sie vorbereitet, mit der Sie sich in wenigen Minuten abschirmen und den ganzen Tag über vor negativen Energien schützen können.

- Richten Sie Ihre Aufmerksamkeit auf den Atem, beobachten Sie, wie die Luft ein- und ausströmt.
- Entspannen Sie sich mit jedem Atemzug mehr und mehr. Atmen Sie ein und aus und entspannen Sie sich.
- Wenn sich der Körper entspannt, entspannt sich auch der Geist.
- Die Atmung wird tiefer und tiefer und Sie entspannen sich immer mehr.
- In der Mitte der Stirn bildet sich eine kleine weiße Lichtblase, die mit jedem Atemzug größer und größer wird. Die Lichtblase dehnt sich aus; sie dehnt sich immer mehr aus, bis sie zu einer großen

Lichtmembran wird, die Ihren ganzen Körper umhüllt.

- Loslassen. Spüren Sie das Gefühl des Schutzes und der Sicherheit im Inneren der Blase. Sie sind sicher. Niemand kann Ihnen etwas antun. Sie sind in Ihrer leuchtenden Rüstung völlig sicher. Ihr Lichtschild schützt Sie.

- Wenn Sie möchten, können Sie etwas von diesem Licht an jemanden senden, der Schutz benötigt. Beobachten Sie, wie das Licht sie umhüllt und schützt und eine wunderschöne Lichtmembran um ihren Körper herum erzeugt.

- Ihre Lichtrüstung wird stärker, heller und heller. Keine negative Energie kann Sie stören. Sie sind sicher.

- Bleiben Sie in Ihrer Lichtrüstung. Kehren Sie langsam in das Hier und Jetzt zurück. Werden Sie sich Ihres Körpers und der Temperatur des Raumes, in dem Sie sich befinden, bewusst; atmen Sie tief durch und nehmen Sie Ihre Aktivitäten wieder auf.

SCHLUSSFOLGERUNG

Früher galten übersinnliche Fähigkeiten als etwas, das man verbergen oder verurteilen musste.

Menschen mit besonderen Fähigkeiten waren gezwungen, sie zu verbergen, um nicht aus der Gemeinschaft ausgeschlossen zu werden oder sich in Gefahr zu begeben. Glücklicherweise ist dies heute nicht mehr der Fall.

Übersinnliche Fähigkeiten zu besitzen bedeutet, dass man in der Lage ist, andere zu verstehen und ihnen zu helfen, dass man auch ohne Worte auf intime und tiefgründige Weise kommunizieren kann und dass man Ereignisse kennt, die noch nicht eingetreten sind. Es bedeutet auch, die Fähigkeit zu besitzen, sich mit der Engelwelt, mit den aufgestiegenen Meistern und mit geliebten Menschen, die in der Welt des Geistes leben, zu verbinden.

Die Art und Weise, in der jeder Einzelne seine übersinnlichen Fähigkeiten zum Ausdruck bringt, ist subjektiv und sehr persönlich. Manche lieben es, sie zur Schau zu stellen; manche versuchen, sie zu ignorieren; manche sind bestrebt, sie mehr und mehr zu entwickeln.

Manche nutzen sie, um nur einem engen Kreis von Menschen zu helfen, andere wiederum versuchen, so viele Menschen wie möglich glücklich zu machen.

Manchmal ist der Wunsch, Gutes zu tun, so groß, dass er zu Müdigkeit und Stress sowie zum Auftreten seltsamer körperlicher Beschwerden führt, die auf emotionale Überlastung und das Aufsaugen der Energie anderer Menschen zurückzuführen sind. Um zu vermeiden, dass sich eine dieser Störungen manifestiert, muss man sich abschirmen, d. h. sich vor den Einflüssen und Emotionen anderer schützen.

Die übersinnlichen Fähigkeiten sind zwar angeboren, müssen aber trainiert werden, um ihre höchste Entwicklungsstufe zu erreichen. Nur durch Übung können Sie Ihre Fähigkeiten beherrschen und wissen, wie Sie sie zu Ihrem eigenen Wohl und dem anderer einsetzen können.

Üben Sie jeden Tag die verschiedenen Arten von übersinnlichen Fähigkeiten, um die bereits vorhandenen zu verbessern und neue zu entwickeln. Trainieren Sie nicht nur die Fähigkeiten, von denen Sie glauben, dass Sie sie haben, oder die Sie entdeckt haben, sondern erforschen Sie alle Formen übersinnlicher Fähigkeiten, die Sie haben: Hellsehen, Psychometrie, Hellhören und Telepathie. Vielleicht stellen Sie fest, dass Sie viel mehr Fähigkeiten haben, als Sie dachten, dass Sie sie besitzen.

Führen Sie jede Übung mit Liebe, ohne Eile und ohne Zwang aus, Sie werden sehen, wie sich Ihre Fähigkeiten von Tag zu Tag verbessern und Sie an Schnelligkeit und Präzision gewinnen werden.